Königs Erläuterungen und Materialien
Band 342

Erläuterungen zu

Jean-Paul Sartre

Die ehrbare Dirne
Das Spiel ist aus
Im Räderwerk

von Edgar Neis

C. Bange Verlag - Hollfeld/Obfr.

Herausgegeben von Klaus Bahners, Gerd Eversberg und
Reiner Poppe

ISBN 3-8044-0306-9

Druck: Heinz Neubert GmbH, Schloßberglein 2, 8580 Bayreuth

INHALT

EINLEITUNG:
ZUR AKTUALITÄT JEAN-PAUL SARTRES

Jean-Paul Sartre ist einer der provozierendsten, widerspruchsvollsten, umstrittensten und am meisten diskutierten Autoren der Gegenwart. Als Begründer des atheistischen Existentialismus opponierte er gegen Religion und herkömmliche Moral, Bürgertum und Bürgertugenden und wurde damit zum Idol einer Jugend, die der Zweite Weltkrieg ratlos und verwirrt zurückgelassen hatte. Gehaßt und schwärmerisch bewundert wurde er zum Mittelpunkt einer Mode, deren intellektuelles Reizklima wir uns heute nur noch schwer vorzustellen vermögen. Die existentialistische Mode ist inzwischen von anderen Moden abgelöst worden, die politischen Fronten haben sich verschoben. Ein veralteter Autor ist Sartre dennoch nicht geworden. Immer noch riskiert, wer sich mit seinem Werk einläßt, seine Anschauungen, Überzeugungen, sich selbst plötzlich in Frage gestellt zu sehen.

Nach Sartres Ansicht ist das Leben sinnlos und absurd; der Mensch steht dem Schicksal gegenüber, ist ins „Nichts" geworfen, der Angst und Verzweiflung ausgeliefert. Er hat keinen Halt und kennt keine Bindungen; Gott ist ihm fern, ja, er leugnet ihn geradezu.

Angst und Verzweiflung, Zufall und Ironie des Schicksals kennzeichnen das menschliche Dasein, das aus dem Nichts kommt, ins Nichts geht und dort endet und sein Wesen in einem unbegreiflichen Widersinn enthüllt.

Aber Sartre sagt auch: „Das menschliche Leben beginnt erst jenseits der Verzweiflung", die „zerbrochene Welt" ist ihm ein Ansporn zur Selbstfindung und Bewährung. Leben ist, was der ganz allein auf sich gestellte Mensch aus sich macht. Von seinem eigenen Ich aus, das keinerlei Unterstützung von außen erfährt, muß der Mensch selbst den Weg zum Du und zur sozialen Gemeinschaft finden. In diesem Sinn konzipiert Sartre seine Dramen: ,,Wenn es wahr ist'', sagt er, ,,daß der Mensch in einer gegebenen Situation frei ist, und daß er sich selbst in ihr und durch sie wählt, dann muß man auf dem Theater einfache und menschliche Situationen zeigen und Freiheiten, die sich in diesen Situationen manifestieren.'' Das Drama ,,Die ehrbare Dirne'' und die Filmszenarien ,,Das Spiel ist aus'' und ,,Im Räderwerk'' zeigen Möglichkeiten und Unmöglichkeiten der menschlichen Selbstbestimmung in existentiellen ,,Situationen'' und zugleich die Tragik des Menschen, dem die Erringung freiheitlichen Handelns versagt bleibt; sie sind gerade in unserer Zeit, die nach Verwirklichung der Menschenrechte strebt, von höchster Aktualität.

I. ZUR BIOGRAPHIE JEAN-PAUL SARTRES

Bevor wir auf sein umfassendes Werk eingehen, seien einige Lebensdaten Jean-Paul Sartres angegeben: Geboren wurde er am 21. Juni 1905 als Sohn des Marineleutnants Jean-Baptiste Sartre in Paris. Seine Mutter Anne-Marie war die Tochter eines aus Meudon im Elsaß stammenden Deutschlehrers Charles Schweitzer, dessen Bruder, der elsässische Pfarrer Louis Schweitzer, der Vater Albert Schweitzers war. Somit waren also Jean-Paul Sartres Mutter und Albert Schweitzer Cousin und Cousine und Albert Schweitzer Jean-Paul Sartres Onkel. Aber welch ein Gegensatz besteht zwischen ihm und seinem Onkel! Während dieser positiv dem Leben gegenübersteht, ,,Ehrfurcht vor dem Leben" hat, sich zu kulturellen und ethischen Werten bekennt, die Christusgestalt als Retter aus der Not der Zeit ansieht, als Urwaldarzt von Lambarene, Orgelspieler und Bach-Interpret, Goethe-Verehrer und Leben-Jesu-Forscher sich aktiv gegen den Verfall und für den Wiederaufbau der Kultur einsetzt, sieht Jean-Paul Sartre nur die negativen Seiten des Lebens, den ,,Ekel" des Seins, das ,,Existieren bis zum Verschimmeln", das Dasein als ,,Hölle", das Ende im ,,Nichts", aus dem kein Gott den gottfernen Menschen erlösen kann. Albert Schweitzers Bekenntnis zum Sinn des Lebens steht Jean-Paul Sartres Bekenntnis zur Sinnlosigkeit des Daseins gegenüber: eine Welt trennt Onkel und Neffe, den ,,Abenteurer der Menschliebe" von dem Menschenverächter und Menschenhasser.

1907 stirbt Jean-Pauls Vater, der Großvater übernimmt die Erziehung des Knaben. Nach dem Besuch verschiedener Lyceen und Gymnasien sowie der Pariser Elite-Hochschule Ecole Normale Supérieure, an der er 1929 sein Abschlußexamen in Philosophie ablegt, wird er Gymnasialprofessor in Le Havre. Er erhält ein Stipendium für ein Studium am ,,Institut Français" in Berlin und wird von der Philosophie Hegels, Heideggers und Husserls stark beeinflußt. 1936 wird er als Lehrer nach Laon versetzt, dann an das berühmte Pasteur-Gymnasium nach Paris. Hier veröffentlicht er sein erstes Werk, die Erzählung ,,Die Mauer".

Sein erster Roman ,,La Nausée" (,,Der Ekel") macht Sartre berühmt. Er erscheint ein Jahr vor Beginn des Zweiten Weltkrieges. Kurz darauf wird Sartre als Sanitäter einberufen, gerät in deutsche Kriegsgefangenschaft, wird aber schon 1941 nach der Niederwerfung Frankreichs durch die deutschen Truppen wieder entlassen und nimmt seine Lehrtätigkeit am Pasteur-Gymnasium in Paris wieder auf. Während dieser Zeit schreibt er sein philosophisches Hauptwerk ,,L'Etre et le Néant" (,,Das Sein und das Nichts"). 1942 erscheint sein berühmtes Résistance-Drama ,,Die Fliegen", das Sartre mit einem Schlage in die vorderste Reihe der europäischen Dramatiker hineinstellt. Nach dem Erfolg der ,,Huis Clos", des Dramas ,,Bei geschlossenen Türen", läßt sich Sartre vom Staatsdienst beurlauben und lebt fortan als freier Schriftsteller in Paris. Seine existentialistische Philosophie verschafft ihm Weltruhm. Mit dem Drama ,,Die schmutzigen Hände" (1948 wendet sich Sartre gegen den Marxismus sowjetrussischer Prägung und wird von den Kommunisten als ,,Agent des Imperialismus" geschmäht. 1951 folgt das monströse Drama ,,Der Teufel und der liebe Gott", ein Stück, das die Zeit der deutschen Reformation und den Bauernkrieg der Jahre 1524/1525 darstellt und die Existenz Gottes in Frage stellt. Aber wie Sartres Meinung, daß das Leben sinnlos sei, ein Trugschluß ist (Gegenbeispiele sind das Leben Goethes und auch das Johann Sebastian Bachs), erweist sich auch seine Negierung der Existenz Gottes als falsch. Nach der Uraufführung des Dramas ,,Der Teufel und der liebe Gott" schrieb François Mauriac: ,,Dieser Gott, den der Held in Sartres Stück lächerlicherweise im Raume sucht und von dem er ein Zeichen verlangt, dieser Gott lebt in uns, und das Zeichen, das er uns gibt, ist der Mensch selber. Es ist der Mensch Sartre und der Geist, der ihn erfüllt . . ., der Geist, der sich selbst verzehrt, der sich an einem Wort stößt, von dem er nicht lassen kann: Gott; dieser Mensch Sartre, der sich weigert, bis zum Ursprung jener Macht des Geistes vorzudringen, von der er selber noch ganz erfüllt ist und deren wahrer Name die Liebe ist . . .''

Seit etwa 1952 wendet sich Sartre wieder der kommunistischen Ideologie zu. 1954 macht er eine Reise in die Sowjetunion, tritt jedoch — wie Bertolt Brecht — nicht der Kommunistischen Partei bei. 1956 verurteilt er die Aggression der Sowjetunion gegen Ungarn, 1962 tritt er auf einem ,,Weltfriedenskongreß'' in Moskau für mehr Freiheit im sowjetischen Kulturleben ein, nimmt zugleich Partei für Fidel Castro, dessen Land er 1960 besucht, und für die französischen Kommunisten, weil sie noch nicht von der ,,dogmatischen Sklerose'' des sowjetischen Marxismus befallen seien. Er verurteilt auch den Einmarsch der Russen in die Tschechoslowakei, bleibt aber nichtsdestoweniger ,,Wegbegleiter'' des Kommunismus. Seine Sympathien gehören immer den Revolutionären.

Sartres Hinwendung zur Politik beeinträchtigt seine Wirkung als Schriftsteller. Ungeachtet dessen bleibt er aber neben Bernard Shaw und Bertolt Brecht einer der bedeutendsten Dramatiker der Gegenwart. ,,Wie Goethes ,,Werther'' dem Lebensgefühl einer ganzen Epoche Ausdruck verlieh, so sind Sartres Werke ein hemmungsloser Ausdruck des Daseinsbewußtseins seiner Generation. Der vielumstrittene nihilistische Existentialismus, dessen Vater er ist, entbehrt selbst im Negativen nicht der aufrüttelnden Wirkung für unsere Zeit. Dialektischer Spannungsreichtum und konkreteste Daseinsfülle eröffnen neue originelle Perspektiven in der höchst eigenständigen Diktion dieses Denkers, Dramatikers und Romanciers, dessen so umstrittene Haltung zu vielen Fragen unseres Lebens man nur aus den Grundmotiven seines persönlichen Daseins

und Denkens verstehen lernen kann." (Klappentext zu ,,Köpfe des XX. Jahrhunderts", Band 23).
Und Karl Kohut schließt seine Betrachtung über Sartre mit den Worten: ,,Sartres literarischer Fundus liegt nicht in seiner Wahrheit, sondern in der ,,Lüge". Seine Leistung als Schriftsteller besteht nicht zum geringsten Teil darin, daß er seinen persönlichen und doch ungemein zeittypischen Konflikt konsequent durchlebt und in seinem Werk objektiviert hat, daß es ihm gelungen ist, aus seiner persönlichen Situation heraus gültige Einsichten über die menschliche Existenz in unserer zerrissenen Zeit in packende Bilder zu fassen. Das heißt aber auch, daß eine Lösung des inneren Konflikts die Substanz seiner Existenz als Schriftsteller angreifen mußte."
Jean-Paul Sartre starb am 15. 4. 1980.
Ganz Frankreich nahm an seinem Tode Anteil. Angesehene bürgerliche Zeitungen wie zum Beispiel ,,Le Monde" feierten den toten Dichter als ,,Präzeptor der Nation" und reihten ihn in die Geschichte jener Geistesheroen ein, ,,deren Werke eine entscheidende Etappe auf dem Weg der Menschheit markieren."
Selbst der höchste Repräsentant jenes gesellschaftlichen und politischen Systems, dem Jean-Paul Sartre mit Feder und Stimme jahrzehntelang immer wieder aufs heftigste den Kampf angesagt hatte, konnte und wollte nicht zurückstehen. Er erwies dem toten Schriftsteller und Philosophen die Ehre, um ihn sogar zu ,,einem der größten geistigen Leuchten unserer Zeit" zu ernennen. Giscard d' Estaing trat damit in die Fußtapfen General de Gaulles, der einstmals seinen Justizminister mit dem berühmt gewordenen Wort davon abhielt, Sartres revolutionäre und aggressive Straßenagitation mit Gewalt zu unterbinden: ,,Einen Voltaire verhaftet man nicht!"

ÜBERSICHT ÜBER DIE WERKE JEAN-PAUL SARTRES

Romane und Erzählungen: Der Ekel · Zeit der Reife · Der Aufschub · Der Pfahl im Fleische · Die letzte Chance(Fragmente) · Erzählungen und Entwürfe.

Theaterstücke und Drehbücher: *Stücke:* Bariona · Die Fliegen · Bei geschlossenen Türen · Tote ohne Begräbnis · Die respektvolle Dirne · Die schmutzigen Hände · Der Teufel und der liebe Gott · Kean · Nekrassow · Die Eingeschlossenen von Altona · Die Troerinnen.

Drehbücher: Das Spiel ist aus · Die falschen Nasen · Im Räderwerk · Die Hexen von Salem.

Philosophische Schriften: Die Transzendenz des Ego · Das Imaginäre · Das Sein und das Nichts · Bewußtsein und Erkenntnis · Kritik der dialektischen Vernunft · Determination und Freiheit.

Schriften zur Literatur: Der Mensch und die Dinge · Baudelaire · Was ist Literatur? · Sankt Genet, Komödiant und Märtyrer · Schwarze und weiße Literatur · Was kann Literatur? · Der Idiot der Familie, Gustave Flaubert 1821-1857.

Schriften zu Theater und Film: Mythos und Realität des Theaters.

Schriften zur bildenden Kunst und Musik: Die Suche nach dem Absoluten.

Politische Schriften: Paris unter der Besatzung · Überlegungen zur Judenfrage · Krieg im Frieden · Der Kolonialismus ist ein System · Der Intellektuelle und die Revolution · Wider das Unrecht. Die Affäre Henri Martin.

Autobiographische Schriften: Die Wörter · Sartre über Sartre Sartre. Ein Film.

II. ZUR DEUTUNG UND REZEPTION DER WERKE JEAN-PAUL SARTRES

SARTRES RADIKALITÄT

(Erika Mann / Johannes Ehrhardt, Sartre zur Einführung, Hannover 1980)

Sartre ist zeitlebens ein Radikaler, zuerst als Lehrer im öffentlichen Dienst, dann als Berufsschriftsteller außerhalb. Er ist radikaler im politischen Sinn des Wortes, aber auch im seinen ursprünglichen Sinn, das heißt jemand, der nach der Wurzel der Dinge fragt, jemand der sich nicht mit vorgefertigten Antworten zufrieden gibt. Diese Radikalität, die sich bei ihm in einer unbedingten Ehrlichkeit sich selbst und anderen gegenüber zeigt, läßt ihn oft so hart und sperrig erscheinen. Doch gerade die Radikalität ist das einigende Band seiner verschiedenen Ausdrucksformen als Philosoph, als Literat und als politischer Schriftsteller. Immer versucht er, für grundlegende Fragen den jeweils angemessenen und wirksamen Ausdruck zu finden, immer versucht er, im Besonderen das Allgemeine herauszuarbeiten und das Allgemeine auf den besonderen Fall zurückzubeziehen. Seine Radikalität hindert ihn daran sich Autoritäten, seien es philosophische, literarische oder politische anzuschließen. Er nimmt wohl konventionelle Formen auf, um sie dann mit seiner bohrenden Insistenz doch wieder zu durchbrechen; so ist er immer klassisch und revolutionierend zugleich. Damit hat er aber auch den Zugang, besonders zu seinen theoretischen Schriften so schwer gemacht.

In seinem radikalen Nachfragen greift er immer wieder direkt die Fragestellungen der Zeit auf und überschreitet sie gerade darin; gleichzeitig durchbricht er in seinem Vorgehen die jeweiligen Fach-

grenzen. Schon mit seinem ersten philosophischen Hauptwerk ,,Das Sein und das Nichts" gehört er zu den führenden Köpfen der modernen Philosophie, und doch ist es — vergleicht man es etwa mit Heideggers ,,Sein und Zeit", an dessen Titel es nicht zufällig anklingt — kein Werk eines Fachphilosophen, sondern der philosophische Ausdruck der politischen Frage nach der Freiheit unter den Bedingungen des Widerstands. Wenn er glaubt, daß eine Fragestellung deutlich genug herausgearbeitet sei, geht er zur nächsten Arbeit über, schreibt ein Buch nicht um der Vollständigkeit willen fertig. So entsteht kein abgerundetes, abgeschlossenes Werk: die Ethik, die auf ,,Das Sein und das Nichts" folgen sollte, wurde nie in eine druckreife Fassung gebracht (sogar die Hefte, in denen er die erste Fassung niedergeschrieben hatte, gingen verloren); der zweite Band der ,,Kritik der dialektischen Vernunft" der die Geschichtstheorie entfalten sollte, blieb eine Skizze und auch das Flaubert-Buch konnte er, allerdings wegen der in den letzten Jahren einsetzenden Fastblindheit, nicht mehr zu Ende schreiben. Man mag dies bedauern, aber irgendwie hat er recht, wenn er sagt, das das Weiterdenken der Linien jeder selbst vollziehen kann.
Der Intelektuelle hat in seinen Augen die Verantwortung, eine allgemeine politische Moral, die sich an der Ermöglichung eines menschenwürdigen Lebens für alle orientiert, gegen die Realpolitik der Herrschenden zu vertreten. Seine Radikalität macht Sartre zu einem einflußreichen politischen Schriftsteller, führt ihn in alle Kämpfe und doch unter keine Fahne; er läßt sich von keinem den Mund verbieten und auch, oder besser gerade, seine Solidarität enthält Kritik.

DER EKEL AN DER EXISTENZ

Sartres in der Ich-Form abgefaßter Tagebuchroman ,,Der Ekel" (,,La Nausée", 1937) enthält die Quintessenz der Einstellung Sar-

tres zum Leben, wie sie auch in den Dramen **„Die Fliegen"**, **„Bei geschlossenen Türen"** und **„Die schmutzigen Hände"** zum Ausdruck kommt.
Als Protagonist des Tagebuchromans erscheint der Schriftsteller Antoine Roquetin, Ebenbild Sartres, an dem er die Grundzüge seiner Philisophie entwickelt.
Der Schlußsatz des Romans lautet: „Alles Existierende entsteht ohne Grund, setzt sich aus Schwäche fort und stirbt durch Zufall."
Damit wird der Sinn alles Seins, auch der des Menschen schlechthin, verneint.
Mephistopheles' Worte aus Goethes „Faust" treffen genau die Auffassung und Haltung Sartres:

> Ich bin der Geist, der stets verneint!
> Und das mit Recht: denn alles, was entsteht,
> Ist wert, daß es zugrunde geht;
> Drum besser wärs, daß nichts entstünde.
> So ist denn alles, was ihr Sünde,
> Zerstörung, kurz das Böse nennt,
> Mein eigentliches Element.

Antoine Roquetin wird vom Ekel an der Existenz aller Dinge und Wesen, vom Weltüberdruß gepackt: er wird abgestoßen von dem Anblick eines Kieselsteins, einer Baumwurzel, einer Sitzbank in einem Park oder Café. Diese Dinge sind ihm nichtssagend, leer, bedeutungslos, ja widerlich. Sie ekeln ihn an. Der gesamte Alltag stößt ihn durch seine Schmutzigkeit (saleté), Schleimigkeit (viscosité), Schimmelligkeit (moissure) ab. Der Alltag ist ein Brechmittel für Antoine Roquetin.
Nie würde ihn Rainer Maria Rilkes Wort erreichen: „Wenn Ihr Alltag Ihnen arm erscheint, klagen Sie ihn nicht an, klagen Sie sich an, daß Sie nicht fähig sind, seine Reichtümer zu rufen."

Der Anblick eines Kieselsteins verursacht Roquetin-Sartre einen Ekel: nie hat Roquetin die Schönheit und Farbenpracht, die unsagbare Glätte und Zartheit eines am Meeresufer unter der Sonne Homers leuchtenden Kieselsteins, wie er etwa in der Lampi-Bucht auf Patmos gefunden wird zu Gesicht bekommen: nie hat er die urwelthafte Kraft und Stärke riesiger Baumwurzeln in ihrer herrlichen Verflochtenheit und imposanten Struktur wahrgenommen, wie sie etwa im Botanischen Garten auf Teneriffa oder in den Urwäldern Amazoniens erscheinen: nie vielleicht die Annehmlichkeit und Bequemlichkeit einer Sitzbank in einem Park oder Café richtig empfunden. Angst und Verzweiflung überfallen Roquetin angesichts des ,,en-soi'', des bloßen Existierens der Dinge: ein mephistophelischer Haß entlädt sich auf das bloße Dasein alles Entstandenen. ,,Denn alles, was entsteht, ist wert, daß es zugrunde geht'' — ist sein Leitsatz. ,,Salauds'', Schweinehunde nennt er diejenigen, die den Dingen, die dem ,,en-soi'' Beachtung schenken.

Diese zutiefst alle Werte negierende, absolut pessimistische und nihilistische Denkweise und Haltung ist ein Ausdruck der Weltverachtung, zeigt einen Menschen, der Bitteres, der Enttäuschungen erfahren haben muß und sich nicht über sich selbst erheben kann. Alle Werke Sartres stellen solche Menschen zur Schau, Menschen, die sich nicht über die Gebundenheit an das Böse, an das Gemeine, an das Niedrige, an Egoismus und Sadismus erheben können. Auch Senator Clark in Sartres **,,Die ehrbare Dirne''**, auch Jean Aguerra im **,,Räderwerk''** oder André Charlier in **,,Das Spiel ist aus''** gehören dazu.

,,Höher und feiner als die Verachtung der Welt ist die Achtung vor der Welt im ganzen'', sagt Gottfried Keller. Von solch einer Auffassung ist jedoch der Pessimist und Nihilist Roquetin weit entfernt. Seine Reaktion auf die von ihm erkannte Absurdität und Sinnlosigkeit der Welt ist der Ekel; erst Camus hat dieser Haltung der Welt

gegenüber die Haltung tätiger Bekämpfung des Übels, eine Dennoch- und Trotzhaltung entgegengesetzt.
Einzig und allein durch den Versuch, ein Buch über die „Nausée" zu schreiben — auch darin Sartre selbst verwandt —, hofft Roquetin sich von ihr zu befreien: Läuterung durch Literatur.

SARTRES SUCHE NACH SELBSTBESTIMMUNG

(Bruno Schoch, Mit einem Wort: Wir müssen, Lit 1983/I)

Im Mittelpunkt des Denkens und der Schriften Sartres steht die Suche nach individueller Selbstbestimmung und Authentizität; zugleich hat er sie kompromißlos zu leben versucht und die Zwänge bürgerlichen Denkens und konformen Verhaltens nicht nur theoretisch und literarisch, sondern auch praktisch radikal in Frage gestellt. Von dieser Einheit zwischen Werk und Leben ging nach dem Krieg eine Faszination vor allem auf die Jugend aus, die sich nicht damit abfinden wollte, daß alles seinen Gang ging, als wäre nichts geschehen. Und immer wieder treffen Jugendliche bei der Suche nach sich selbst in Sartres Theaterstücken und Schriften auf ihre ureigenen Probleme. Sartre ist der Schriftsteller und Philosoph der Jugend per excellence: Daraus erklären sich die Rekordauflageziffern von Stücken wie **„Die schmutzigen Hände"** und Romanen wie **„Der Ekel"** ebenso wie die für gesellschaftliche Zusammenhänge sensibilisierende Politisierungswirkung, die von Sartre allemal ausgeht.
Unmittelbar nach der Befreiung Frankreichs von der Nazi-Okkupation und dem Kollaborationsregime von Vichy schrieb Sartre im ersten Heft der von ihm mit anderen linken Intellektuellen gegründeten Zeitschrift „Les temps modernes": „Heute ist es so weit gekommen, daß man erleben kann, wie Schriftsteller, die beschimpft

oder bestraft werden, weil sie ihre Feder den Nazis zur Verfügung gestellt hatten, eine empfindliche Verwunderung an den Tag legen. ‚Was hat ihr nur', sagen sie, ‚haftet man denn für das, was man schreibt?'" — Sartre war damals vierzig Jahre alt und seine Philosophie der radikalen Freiheit des Individuums sollte jetzt ihre politische Dimension offenbaren: Jeder einzelne ist nicht nur absolute Freiheit, sondern zugleich, da er in einer spezifischen historisch-gesellschaftlichen Situation lebt, der er sich nicht entziehen kann, total verantwortlich für seine Entscheidungen — selbst für die, keine zu treffen. Auch der Intellektuelle ist verantwortlich für das, was er tut, sagt und schreibt. Die Geschichte hat brutal gezeigt, daß es keine Unschuld der Feder gibt und ebensowenig ein Leben der Individuellen Selbstentfaltung fernab von Gesellschaft und Politik, wie Sartre es an der Seite von Simone de Beauvoir als bewußte und fröhliche Bejahung individueller, subjektiver Freiheit, die den Zwängen bürgerliche Wohlanständigkeit trotzte, zu leben versucht hatte.
Der Krieg bereitet dieser Lebensfreude und libertär-bürgerlichen Existenz ein jähes Ende. Der rasche Zusammenbruch der Dritten Republik, die deutsche Besatzung, die Widerstandsbewegung und schließlich die Befreiung Frankreichs rissen Sartre in den Strudel der Geschichte. Diese Erfahrung schnitt sein Leben entzwei in zwei Etappen, und er sollte sich, wie er einmal gesagt hat, später in der ersten kaum mehr wiedererkennen. Die Fremdherrschaft zerriß den Schleier der liberal-bürgerlichen Ideologie, denn „keine Knechtschaft ist sichtbarer als die eines besetzten Landes", wie Maurice Merleau-Ponty formulierte. Unter den Bedingungen der Okkupation erwies sich Hegels Dialektik von Herr und Knecht, die wie kein anderes Element der Hegelschen Philosophie in Frankreich Schule gemacht hatte, als wenig philosophische, vielmehr materielle Realität. Zwar hielt Sartre fest an seinem unter dem Einfluß der deutschen Existenzphilosophie entstandenen Begriff indi-

vidueller Freiheit, der in der ontologischen Struktur menschlicher Existenz schlechthin gründe. Aber die Erfahrung von Besatzung und Résistance sollte dessen politischen Gehalt in einer unzweideutigen Richtung festlegen.
Nachdem Sartre 1941 aus dem Kriegsgefangenenlager, wo er den Wert der Solidarität kennengelernt hatte, entfloh, gründete er mit Merleau-Ponty und anderen Philosophen eine Widerstandsgruppe mit dem programmatischen Namen „Socialisme et liberté". Weil ihm führende Politiker der Sozialistischen Partei, aber auch André Gide und Malraux, die er um praktische Handlungsanweisungen gebeten hatte, wenig zu raten wußten, begann Sartre die Zusammenarbeit mit der Kommunistischen Partei, der bestorganisierten Kraft des Widerstandes. Dies, obwohl deren Kollektivismus seinem radikalen Individualismus ebenso zuwider war, wie er sie erinnerte an ihre Verleumdungen seines Freundes Paul Nizan, der 1939 aus Protest gegen die Politik der Partei während des Hitler-Stalin-Paktes die KPF verlassen und sich zur Armee gemeldet hatte.
Sartres Schrift **„Das Sein und das Nichts"**, die als dickes fachphilosophisches Buch 1943 im besetzten Frankreich erschien, griff auf Heideggers Kategorien zurück, um das Individuum in seiner konkreten Einmaligkeit und Freiheit zu thematisieren. Zugleich aber erhielt die Thematik des Individuums in seiner „Situation" bei Sartre damals ihre wirkliche Konkretion durch die reale geschichtliche Situation. Wie nämlich, so fragte Sartre bang, entscheidet sich die Freiheit des einzelnen unter den Schlägen von Folterknechten und Nazi-Schergen? Im Sommer 1944 schrieb er: „ Da wir wie Hunde gehetzt wurden, besaß jede unserer Gesten das Gewicht eines Engagements... Für diejenigen, die in der Untergrundbewegung kämpften, erzeugten die Bedingungen, unter denen sie kämpften, eine neue Art von Erfahrung. Sie kämpften nicht am lichten Tag wie die Soldaten. In der Einsamkeit wurden sie ins Netz getrieben, in Einsamkeit gefangengenommen. Völlig verlas-

sen und in einsamer Not hielten sie der Folter stand ... In der Tiefe ihrer Einsamkeit waren es die anderen, die von ihnen verteidigt wurden, all die anderen, all die Genossen der Widerstandsbewegung: ein einziges Wort genügte, um zehn oder gar 100 Verhaftungen zu bewirken. Diese totale Verantwortung in totaler Einsamkeit, entschleierte sie nicht das wahre Wesen unserer Freiheit? ... So wurde in Dunkel und Blut die stärkste aller Republiken gegründet. Jeder ihrer Bürger wußte, was er allen schuldig war, und daß er sich dennoch nur auf sich selbst verlassen könne ... Und indem er sich selbst in seiner Freiheit wählte, wählte er die Freiheit aller. Die Republik ohne Institutionen, ohne eine Armee und eine Polizei war etwas, was jeder Franzose in jedem Augenblick zu erobern und gegen die Nazis zu verteidigen hatte."

Engagement, Untergrundbewegung und ihre Armee im Schatten, Verantwortung in Einsamkeit, Blut, eine neue Erfahrung angesichts des Todes: das waren damals keine bloßen Metaphern, sondern als erfahrene Realität unmittelbar verständliche Worte. Und unter Bedingungen von Fremdherrschaft kam der Entscheidung, dem Verhalten und der Verantwortung des einzelnen in der Tat praktisch ein anderer Stellenwert zu als während der gesellschaftlichen Auseinandersetzungen bei normalem Gang der Geschäfte, der in der bürgerlichen Gesellschaft normalerweise keiner direkten Herrschaft und Unterdrückung bedarf. Diese Erfahrung nötigte Sartre deshalb keinen Verzicht auf seine radikal vom Individuum ausgehende Freiheitslehre ab, sondern konkretisierte deren politische Inhalte und gesellschaftliche Zielrichtung. Das antifaschistische Engagement für die Freiheit der Feder und die anderen republikanischen Freiheitsrechte ließen ihn jenes „Konsequenzzwanges" (Ernst Bloch) gewahr werden, der im Erbe der gemeinten Freiheiten von 1789 steckt.

Wie Sartre schon in der Einleitung zum ersten Heft von „Les temps modernes", die an das Humanitätspathos und die Ideale der großen Französischen Revolution anknüpfte, schrieb: ,,Das Fernziel, das wir uns setzen, ist eine Befreiung. Da der Mensch eine Totalität ist, reicht es wahrhaftig nicht aus, ihm das Wahlrecht zu geben, ohne die anderen Faktoren anzugehen, die ihn konstituieren: er muß sich total befreien, das heißt, er muß anders werden, indem er auf seine biologischen Konstitutionen ebenso einwirkt wie auf seine ökumenische Bedingtheit und auf seine sexuellen Komplexe ebenso wie auf die politischen Gegebenheiten seiner Situation.''

Sartres Erfahrung von Faschismus, Fremdherrschaft, Widerstand und Befreiung hatte ihn von der Notwendigkeit des Engagements für politische und soziale Veränderungen überzeugt. Er suchte seine Freiheitsphilosophie mit dem Ziel der sozialen Revolution zu versöhnen, die jene erst allgemein einlösen wird. Dieses Programm, dem jungen Marx eng verwandt, stieß auf heftige Kritik aus der KPF.

Sartre schien der KPF besonders gefährlich, weil er ihr nahestand: 1948 wurde er als Musterexemplar für die dekadente Literatur des Westens, als Schreibmaschinen-Hyäne und Füllfederhalter-Schakal beschimpft. Gleichwohl verweigerte sich Sartre jeder Lagermentalität. Der Gehalt seines politischen Engagements lag darin, Freiheit und Sozialismus versöhnen zu wollen — ein Unternehmen, das der KPF zuwiderlief.

III. ERLÄUTERUNGEN ZU SARTRES DRAMEN UND FILMSZENARIEN

DIE EHRBARE DIRNE

INHALTSANGABE

(Gang der Handlung)

Das Vier-Personen-Stück ,,Die ehrbare Dirne" (Lizzie — Fred — Der Neger — Senator Clark) beginnt damit, daß ein auf der Flucht vor den Weißen befindlicher, in einer Stadt im Süden der Vereinigten Staaten herumirrender Neger bei der Dirne Lizzie Zuflucht sucht und sie bittet auszusagen, daß er unschuldig sei und nichts getan habe. Lizzie verspricht dies, obwohl sie noch nicht weiß, worum es sich handelt, nur um den Neger zu beruhigen.
Nachdem sie ihn weggeschickt hat, kommt Fred aus Lizzies Badezimmer heraus, in dem er sicht versteckt hatte. Fred hat die Nacht bei Lizzie verbracht und will sie veranlassen, vor Gericht zu erklären, daß zwei Neger am Tage zuvor versucht hätten, sie zu vergewaltigen, daß aber sein, Freds Cousin, um ihr zu Hilfe zu kommen, mit einem Schuß einen der beiden Neger niedergestreckt hätte; der andere sei entkommen. Fred, der sich als Sohn von Senator Clark zu erkennen gibt, bietet Lizzie fünfhundert Dollar für die falsche Aussage, die darauf abzielt, Freds Cousin zu decken, denn er hat grundlos auf den Neger geschossen. Lizzie weigert sich zunächst:
FRED: Du bist es, die der Neger vergewaltigen wollte?
LIZZIE: Was?
FRED: Du kamst doch vorgestern mit dem Sechs-Uhr-Schnellzug an?

LIZZIE: Ja.
FRED: Dann bist du es.
LIZZIE: Kein Mensch hat mich vergewaltigen wollen. Mich vergewaltigen! Kannst du dir das vorstellen?
FRED: Du bist es, Webster hat es mir doch gestern im Tanzlokal gesagt.
LIZZIE: Webster? Das ist es also!
FRED: Was?
LIZZIE: Deshalb leuchteten deine Augen so. Das regte dich auf, wie? Schmutzfink! Und ausgerechnet du hast einen so guten Vater.
FRED: Dumme Gans! Wenn ich mir vorstelle, daß du mit einem Neger geschlafen hast . . .
LIZZIE: Na und?
FRED: Ich habe fünf farbige Dienstboten. Wenn man mich ans Telephon ruft und einer von ihnen hat den Hörer abgenommen, so wischt er den Hörer erst ab, bevor er ihn mir reicht.
LIZZIE mit einem Pfeifen, das Bewunderung ausdrücken soll: Ich verstehe.
FRED sanft: Wir lieben hier die Neger nicht so besonders. Auch nicht die Weißen, die sich mit ihnen amüsieren.
LIZZIE: Genug. Ich habe nichts gegen sie, aber ich möchte nicht, daß sie mich berühren.
FRED: Wer weiß . . . Du bist der Teufel. Im Neger steckt auch der Teufel. Er hat dich also vergewaltigen wollen?
LIZZIE: Was kann dir das schon ausmachen?
FRED: Sie sind zu zweit in dein Abteil gestiegen. Nach einer Weile haben sie sich auf dich gestürzt. Du hast um Hilfe gerufen, und Weiße sind dazu gekommen. Einer der Neger hat sein Rasiermesser gezogen, und ein Weißer hat ihn mit einem Revolverschuß niedergestreckt. Der andere Neger hat sich davongemacht.
LIZZIE: Hat dir Webster das erzählt?

FRED: Ja.
LIZZIE: Und woher wußte er es?
FRED: Die ganze Stadt spricht davon.
LIZZIE: Die ganze Stadt? Da kann ich mir ja direkt was drauf einbilden. Habt ihr nichts anderes zu tun?
FRED: Ist alles so gewesen, wie ich es erzählt habe?
LIZZIE: Ganz und gar nicht. Die beiden Neger verhielten sich ganz ruhig und sprachen miteinander; sie haben mich nicht einmal angesehen. Dann stiegen vier Weiße ein, und zwei von ihnen wurden sehr zudringlich. Sie hatten eben einen Rugbymatsch gewonnen und waren besoffen. Sie sagten, es stinkt nach Neger, und wollten die Schwarzen zur Tür hinauswerfen. Diese verteidigten sich, so gut sie konnten; zum Schluß bekam ein Weißer einen Faustschlag aufs Auge; da hat er seinen Revolver gezogen und geschossen. Das ist alles. Sobald wir den Bahnhof erreichten, sprang der andere Neger vom Zug.
FRED: Man kennt das. Aber es wird ihm nichts nützen; wir kriegen ihn doch. Wenn man dich vor den Richter ruft, wirst du ihm diese Geschichte da erzählen?
LIZZIE: Was interessiert dich das?
FRED: Antworte!
LIZZIE: Ich werde nicht zum Richter gehen. Ich sage dir, ich hasse Komplikationen.
FRED: Du wirst hingehen müssen.
LIZZIE: Ich werde nicht hingehen. Ich will mit der Polizei nichts mehr zu tun haben.
FRED: Sie werden herkommen und dich holen.
LIZZIE: Dann werde ich sagen, was ich gesehen habe.
FRED nach einer Pause: Bist du dir darüber klar, was du damit machst?
LIZZIE: Was mache ich denn damit?
FRED: Damit zeugst du für einen Schwarzen gegen einen Weißen.

LIZZIE: Wenn der Weiße schuldig ist.
FRED: Er ist unschuldig.
LIZZIE: Da er getötet hat, ist er auch schuldig.
FRED: Schuldig wessen?
LIZZIE: Getötet zu haben!
FRED: Aber er hat einen Neger getötet.
LIZZIE: Na, und?
FRED: Wenn man jedesmal schuldig wäre, wenn man einen Neger tötet . . .
LIZZIE: Er hatte kein Recht dazu.
FRED: Was für ein Recht?
LIZZIE: Er hatte kein Recht dazu.
FRED: Dein Recht kommt aus dem Norden. Schuldig oder nicht, du kannst es nicht zulassen, daß ein Mann deiner Rasse bestraft wird.
LIZZIE: Ich will ja niemand bestrafen lassen. Man wird mich fragen, was ich gesehen habe, und ich werde es sagen. (Fred geht auf sie zu.)
FRED: Was ist zwischen dir und dem Neger? Warum willst du ihn schützen?
LIZZIE: Ich kenne ihn ja gar nicht.
FRED: Na also?
LIZZIE: Ich will die Wahrheit sagen.
FRED: Die Wahrheit! Eine Hure zu zehn Dollar, die die Wahrheit sagen will! Es gibt keine Wahrheit: es gibt Weiße und Schwarze, das ist alles. Siebzehntausend Weiße, zwanzigtausend Schwarze. Wir sind hier nicht in New York: wir haben keinen Grund zum Lachen. Thomas ist mein Vetter.
LIZZIE: Was?
FRED: Thomas, der Mann, der getötet hat: er ist mein Vetter.
LIZZIE: Ach?
FRED: Er ist ein Mann aus guter Familie.

LIZZIE: Ein Mann aus guter Familie, der sich immer wieder an mich heranmachte und versuchte, meinen Rock hochzuheben. Geh mir mit deinen Männern aus guter Familie! Es wundert mich nicht, daß ihr aus derselben Familie seid.
FRED: Du Schwein! Du bist der Teufel: mit dem Teufel kann man nur Böses tun. Er hat deinen Rock hochgehoben, er hat auf einen dreckigen Neger geschossen, was ist da schon dabei? Das sind Dinge, die man macht, ohne darüber nachzudenken. Thomas ist ein Chef, das allein zählt.
LIZZIE: Mag sein. Aber der Neger hat nichts getan.
FRED: Ein Neger hat immer etwas getan.
LIZZIE: Niemals werde ich einen Menschen der Polizei ausliefern.
FRED: Wenn er es nicht ist, dann wird es Thomas sein. Einen lieferst du auf alle Fälle aus. Du hast es in der Hand.
Erst als Senator Clark, der Onkel des Mörders, persönlich bei Lizzie erscheint und ihr in einer pathetischen Rede die Ideale der Vereinigten Staaten vorstellt, von der Nutzlosigkeit und Minderwertigkeit der Neger und der ,,Bedeutung" seines Neffen Thomas spricht, der ,,ein solider Wall gegen den Kommunismus, die Gewerkschaften und die Juden" ist und die Pflicht hat, zu leben, läßt Lizzie sich umstimmen. Der Senator nötigt sie, die falsche Anklage gegen den Neger zu unterschreiben. Als der Senator erneut erscheint, ihr hundert Dollar aushändigt und ankündigt, daß er künftig zu ihrer Kundschaft zählen wird, ist Lizzie davon überzeugt, daß man sie ,,reingelegt" hat. Sie erkennt die Morbidität der herrschenden Gesellschaft und tritt innerlich auf die Seite der verfolgten Neger. Ihre Parteinahme zeigt sich, als der gehetzte Neger unversehens wieder bei ihr erscheint:
LIZZIE: Ich wußte, daß du kommen würdest. Ich wußte es ganz genau. Wie bist du hereingekommen?
NEGER: Durch das Fenster.
LIZZIE: Und was willst du?

NEGER: Verstecken Sie mich.
LIZZIE: Nein. Ich habe es dir schon einmal gesagt.
NEGER: Hören Sie sie, Madame?
LIZZIE: Ja.
NEGER: Die Jagd hat begonnen.
LIZZIE: Welche Jagd?
NEGER: Die Jagd nach dem Neger.
LIZZIE: Bist du sicher, daß sie dich nicht gesehen haben, als du hereinkamst?
NEGER: Ja.
LIZZIE: Was werden sie dir tun, wenn sie dich kriegen?
NEGER: Benzin.
LIZZIE: Was?
NEGER: Benzin. Sie werden es anzünden.
LIZZIE: Ich verstehe.
NEGER: Was wollen Sie machen, Madame?
LIZZIE: Ich werde ihnen die Tür öffnen und sie bitten, einzutreten. Seit fünfundzwanzig Jahren wickeln sie mich mit ihren alten weißhaarigen Müttern und den Kriegshelden und der amerikanischen Nation ein. Aber jetzt habe ich es begriffen. Jetzt ist Schluß damit. Ich werde die Tür öffnen und ihnen sagen: „Da ist er. Da ist er, aber hat nichts getan; man hat mich zu einem falschen Zeugnis verleitet. Ich schwöre bei Gott, daß er nichts getan hat."
NEGER: Sie werden Ihnen nicht glauben.
LIZZIE: Vielleicht. Vielleicht glauben sie mir nicht: dann wirst du mit dem Revolver auf sie zielen, und wenn sie nicht gehen, wirst du auf sie schießen.
NEGER: Es werden andere kommen.
LIZZIE: Dann wirst du auch auf die anderen schießen. Und wenn du den Sohn des Senators siehst, dann sie zu, daß du ihn nicht verfehlst, denn er hat alles eingefädelt. Wir sind jetzt schön in der Klemme, nicht wahr? Und in jedem Fall ist das unsere letzte Ge-

schichte, denn das sage ich dir, wenn sie dich bei mir finden, dann gebe ich für meine Haut keine fünf Cent mehr. Also, wenn schon krepieren, dann lieber in einer zahlreichen Gesellschaft. (Sie streckt ihm den Revolver hin.) Nimm ihn! Ich sage dir doch, du sollst ihn nehmen.
NEGER: Ich kann nicht, Madame.
LIZZIE: Was?
NEGER: Ich kann nicht auf Weiße schießen.
LIZZIE: Wirklich? Das wird die aber sehr stören.
NEGER: Es sind Weiße, Madame.
LIZZIE: Na und? Weil sie Weiße sind, haben sie das Recht, dich wie ein Schwein abzuschlachten?
NEGER: Es sind Weiße.
LIZZIE: Dummkopf! Sieh mal einer an, du bist wie ich, du bist genau so dumm wie ich. Nun, wenn alle so sind . . .
Lizzie gewährt dem verfolgten Neger Unterschlupf und verbirgt ihn in ihrem Badezimmer. In ihre Wohnung eindringende Polizisten schickt sie wieder weg. Da aber erscheint Fred. Er hat sich auf der Straße an einer Jagd auf einen Neger (es war der falsche) beteiligt und zugesehen, wie dieser gelyncht wurde. Nun will er Lizzie haben, entdeckt aber im Badezimmer den gesuchten Neger, den Lizzie, um ihn zu retten, als ihren heutigen Kunden ausgibt. Obwohl Lizzie Fred bittet, nicht auf ihn zu schießen, weil er unschuldig ist, schießt Fred ihn nieder. Nun ergreift Lizzie den Revolver, um auf Fred zu schießen, als aber Fred ihr klarmacht, daß sie in ihm „ganz Amerika" treffen würde und ihr verspricht, ihr ein „schönes Haus mit einem Park" einzurichten, in dem sie leben soll und er sie besuchen wird und daß er sie mit Geld überschütten wird, da gibt die „ehrbare Dirne" ihre Ehre preis, ergibt sich Freds Umarmung, der eine Bestätigung seiner Männlichkeit darin findet, daß er in der Lage ist, Lizzie zu befriedigen. Jetzt erst nennt er ihr seinen Vornamen: „Übrigens — ich heiße Fred."

DIE MANIPULATION DES BEWUSSTSEINS IN SARTRES „EHRBARER DIRNE"

Wie das Bewußtsein, die Denkvorstellungen geistig primitiver und sozial niedrigstehender Menschen durch geistig ihnen überlegene Personen der „Herrenschicht" manipuliert werden, zeigt die Szene, in welcher der Senator Lizzie die „Werte" der weißen Rasse, die „Bedeutung" des Amerikanismus und die „Vorzüge" des kapitalistischen Unternehmertums darlegt. Die Unterredung zwischen dem Senator und Lizzie hat folgenden Wortlaut:

Senator: Wie soll ich Ihnen das erklären? Warten Sie: stellen wir uns vor, daß die amerikanische Nation plötzlich vor Ihnen erscheinen würde. Was würde sie zu Ihnen sagen?
LIZZIE *(erschreckt).* Ich nehme an, sie hätte mir nicht gerade viel zu sagen.
Senator: Sind sie Kommunistin?
LIZZIE: Wie gräßlich — nein!
Senator: Dann hat sie Ihnen sehr viel zu sagen. Sie würde zu Ihnen sagen: „Lizzie, es ist dahin gekommen, daß du zwischen zweien meiner Söhne wählen mußt. Der eine oder der andere muß verschwinden. Was macht man in einem solchen Fall? Man behält den Besseren. Nun wollen wir sehen, wer der Bessere ist. Willst du?"
LIZZIE: Ich will ja schon. Oh, Verzeihung! Ich glaubte, Sie hätten gesprochen.
Senator: Ich spreche in ihrem Namen. *(Er fängt wieder an.)* „Lizzie, dieser Neger, den du beschützt, wozu dient er? Er ist durch Zufall geboren, Gott weiß wo. Ich habe ihn ernährt, und er, wie dankt er mir dafür? Gar nicht: er streicht herum, er singt, er kauft sich knallbunte Anzüge. Er ist mein Sohn, und ich liebe ihn genau so wie meine anderen Söhne. Aber ich frage dich: führt er ein

menschliches Leben? Ich würde nicht einmal seinen Tod bemerken."

LIZZIE: Wie gut Sie reden können.

Senator *(fortfahrend).* ,,Der andere dagegen, dieser Thomas, er hat einen Schwarzen getötet, das ist sehr schlecht. Aber ich brauche ihn. Er ist ein hundertprozentiger Amerikaner, der Abkömmling einer unserer ältesten Familien, er hat in Harvard studiert, er ist Offizier — ich brauche Offiziere — er beschäftigt zweitausend Arbeiter in seiner Fabrik — zweitausend Arbeitslose, wenn er sterben müßte —, er ist ein Chef, ein solider Wall gegen den Kommunismus, die Gewerkschaften und die Juden. Er hat die Pflicht, zu leben, und *du* hast die Pflicht, ihm das Leben zu erhalten. Das ist alles. Jetzt wähle."

LIZZIE: Wie gut Sie reden können.

Senator: Wähle!

LIZZIE *(aufspringend).* Wie? Ach ja . . . *(Nach einer Pause).* Sie haben mich verwirrt, nun weiß ich nicht mehr, was ich tun soll.

Senator: Sehen Sie mich an, Lizzie. Haben Sie Vertrauen zu mir?

LIZZIE: Ja, Senator.

Senator: Glauben Sie, daß ich fähig bin, Ihnen zu einer schlechten Tat zu raten?

LIZZIE: Nein, Senator.

Senator: Dann müssen Sie unterschreiben. Hier ist meine Füllfeder.

LIZZIE: Und was macht ihr mit ihm, mit dem Neger, wenn ich unterschreibe?

Senator: Mit dem Neger? Bah! *(Er faßt sie an den Schultern.)* Wenn du unterschreibst, wird dich die ganze Stadt adoptieren. Die ganze Stadt. Alle Mütter der Stadt.

LIZZIE: Aber . . .

Senator: Glaubst du, eine ganze Stadt könnte sich irren? Eine ganze Stadt, mit ihren Pastoren und ihren Pfarrern, mit ihren Ärzten,

ihren Anwälten und ihren Künstlern, mit ihrem Bürgermeister und ihren Beigeordneten und ihren Wohltätigkeitsvereinen. Glaubst du das?
LIZZIE: Nein. Nein. Nein.
Senator: Gib mir deine Hand. *(Er nötigt sie, zu unterschreiben.)* So. Ich danke dir im Namen meiner Schwester und meines Neffen, im Namen von siebzehntausend Weißen unserer Stadt, und im Namen der amerikanischen Nation, die ich hier repräsentiere. Deine Stirn *(Er küßt sie auf die Stirn. Zu den anderen.)* Kommt! *(Zu Lizzie.)* Ich werde dich im Laufe des Abends wiedersehen: wir haben noch miteinander zu reden. *(Er geht.)*
FRED *(im Gehen).* Adieu, Lizzie.
LIZZIE: Adieu. *(Sie gehen. Lizzie bleibt niedergeschmettert stehen, dann stürzt sie zur Tür.)* Senator! Senator! Ich will nicht! Zerreißen Sie das Papier! Senator! *(Sie kommt wieder zurück und greift mechanisch nach dem Staubsauger.)* Die amerikanische Nation! *(Sie steckt den Stecker wieder rein.)* Ich habe so das Gefühl, daß die mich reingelegt haben! *(Sie bedient wütend den Staubsauger.)*

Auch das Bewußtsein und die Denkvorstellungen des Negers sind manipuliert worden. Obwohl er verfolgt wird, obwohl er in Gefahr ist, gelyncht zu werden, erschossen zu werden, will er sich nicht gegen Weiße zur Wehr setzen, weil es eben — Weiße sind. Weiße gehören einer höheren Rasse, einer ,,Herrenrasse" an, sind als Menschen ,,wertvoller" als Schwarze. Von dieser Vorstellung ist der Neger besessen.
Dem Dialog Lizzie — Fred:

> ,,Da der Weiße getötet hat, ist er auch schuldig."
> ,,Aber er hat einen Neger getötet... Wenn man jedesmal schuldig wäre, wenn man einen Neger tötet..."

steht der Dialog Lizzie — Neger gegenüber:

LIZZIE. Hast du keine Waffe?
NEGER. Oh! Nein.
LIZZIE. Gut. *(Sie stöbert in einer Schublade und zieht einen Revolver heraus.)*
NEGER. Was wollen Sie machen, Madame?
LIZZIE. Ich werde ihnen die Tür öffnen und sie bitten, einzutreten. Seit fünfundzwanzig Jahren wickeln sie mich mit ihren alten weißhaarigen Müttern und den Kriegshelden und der amerikanischen Nation ein. Aber jetzt habe ich es begriffen. Jetzt ist Schluß damit. Ich werde die Tür öffnen und ihnen sagen: „Da ist er. Da ist er, aber er hat nichts getan; man hat mich zu einem falschen Zeugnis verleitet. Ich schwöre bei Gott, daß er nichts getan hat."
NEGER. Sie werden Ihnen nicht glauben.
LIZZIE. Vielleicht. Vielleicht glauben sie mir nicht: dann wirst du mit dem Revolver auf sie zielen, und wenn sie nicht gehen, wirst du auf sie schießen.
NEGER. Es werden andere kommen.
LIZZIE. Dann wirst du auch auf die anderen schießen. Und wenn du den Sohn des Senators siehst, dann sieh zu, daß du ihn nicht verfehlst, denn er hat alles eingefädelt. Wir sind jetzt schön in der Klemme, nicht wahr? Und in jedem Fall ist das unsere letzte Geschichte, denn das sage ich dir, wenn sie dich bei mir finden, dann gebe ich für meine Haut keine fünf Cent mehr. Also, wenn schon krepieren, dann lieber in einer zahlreichen Gesellschaft. *(Sie streckt ihm den Revolver hin).* Nimm hin! Ich sage dir doch, du sollst ihn nehmen.
NEGER. Ich kann nicht, Madame.
LIZZIE. Was?
NEGER. Ich kann nicht auf Weiße schießen.
LIZZIE. Wirklich? Das wird die aber sehr stören.

NEGER. Es sind Weiße, Madame.
LIZZIE. Na und? Weil sie Weiße sind, haben sie das Recht, dich wie ein Schwein abzuschlachten?
NEGER. Es sind Weiße.
LIZZIE. Dummkopf! Sieh mal einer an, du bist wie ich, du bist genau so dumm wie ich. Nun, wenn alle so sind ...

Lizzie und der Neger sind nicht ,,dumm", aber sie sind manipuliert, ,,mystifiziert"; sie unterliegen den Vorurteilen, die man ihnen eingeimpft, aufoktroyiert hat. Lizzie und der Neger spüren diesen Zwang ganz deutlich in ihrem Unterbewußtsein; sie sprechen ihre Erfahrungen hinsichtlich dieser Manipulation unumwunden aus:

NEGER. Sie zwingen oft die Menschen, das Gegenteil von dem zu sagen, was sie denken.
LIZZIE. Ja. Sehr oft. Und wenn sie sie nicht dazu zwingen können, dann verwirren sie sie mit schönen Sprüchen.

Und diese ,,schönen Sprüche" lassen sie zum Spielball, zum Werkzeug derer werden, die die Macht in Händen haben und sie gegen die Menschlichkeit und Menschenwürde einsetzen.
Sowohl Lizzie, die ,,ehrbare Dirne", als auch der verfolgte, unschuldige Neger sind bessere Menschen als die, deren Macht sie preisgegeben sind.
So ist Sartres Schauspiel ,,Die ehrbare Dirne" eigentlich ein Aufruf zur Wahrung der Menschenrechte und Menschenwürde in dem Sinne, wie Friedrich Hebbels Gedicht ,,Höchstes Gebot" es fordert:

> Hab' Achtung vor dem Menschenbild,
> Und denke, daß, wie auch verborgen,
> Darin für irgend einen Morgen
> Der Keim zu allem Höchsten schwillt!

SARTRES KRITIK AN DER WEISSEN HERRENRASSE

Es ist offensichtlich, daß Sartre mit seinem Stück ,,Die ehrbare Dirne" gegen eine Diskriminierung der schwarzen Rasse, der Neger in den Südstaaten der USA, zu Felde zieht. Der in dem Stück auftretende Neger wird, obwohl er unschuldig ist, von den Weißen verfolgt, gehetzt, ist in der ständigen Gefahr des Gelynchtwerdens und wird schließlich aus persönlichen und rassischen Gründen von dem amerikanischen Seantorssohn Fred niedergeschossen. ,,Es bringt immer Unglück, wenn man Neger sieht. Die Neger, in denen steckt der Teufel. Ein Neger hat immer etwas getan", das sind Äußerungen Freds, die seine Arroganz und Überheblichkeit deutlich zur Schau stellen. Er hat weder Hemmungen bei der Verfolgung des gehetzten Wildes, noch schreckt er vor einer Beteiligung an einer Lynchjustiz an einem Neger zurück. Als es sich herausstellt, daß es der falsche Neger war, der gelyncht wurde, ist Fred keineswegs erschüttert, sondern eher noch stolz auf seine Teilnahme an dem Vorgang: ,,Ich war auch dabei".

Die Gewissenlosigkeit und Morbidität der weißen Herrenrasse zeigt sich nicht nur in der Art und Weise, wie Fred Lizzie mit Geld abfinden und zu einem falschen Geständnis bringen will, sondern auch, wie er über die Tötung von Negern denkt:

FRED: Du zeugst für einen Schwarzen gegen einen Weißen?
LIZZIE: Wenn der Weiße schuldig ist.
FRED: Er ist schuldig.
LIZZIE: Da er getötet hat, ist er auch schuldig.
FRED: Aber er hat einen Neger getötet.
LIZZIE: Na, und?
FRED: Wenn man jedesmal schuldig wäre, wenn man einen Neger tötet...

Neger sind vogelfrei, Neger darf man umlegen wie Hunde, ,,was ist schon dabei?" In Fred will Sartre den Typ des reichen, weißen

Herrensöhnchens verkörpern, der sich als ,,Mensch göttlichen Rechts" fühlt. Was er bei Lizzie sucht, ist eine Bestätigung seines Herren- und Mannestums; gerade dies zeigt aber auch seine innere Unsicherheit und Abhängigkeit von äußeren Umständen.

Eine nichtswürdige Erscheinung wie Fred ist auch sein Vater, Senator Clark. Was Fred nicht mit Zwang und Drohungen fertig gebracht hat, Lizzie ein falsches Geständnis unterschreiben zu lassen, gelingt dem Senator mit einem Druck auf Lizzies Tränendrüsen, indem er von der armen, unglücklichen weißhaarigen Mutter des Negermörders Thomas, seines Neffen, spricht und dann Lizzie mit schönen Phrasen von der Verteidigung der Ideale der amerikanischen Nation und dem Kampf gegen den Kommunismus, gegen Gewerkschaften und Juden, zu dem sie durch ihre Aussage einen Beitrag leisten könne, völlig umnebelt. ,,Es steht zu vermuten", schreibt Günter Albrecht Zehm, ,,daß Sartre hier seinem Anti-Amerikanismus allzu ungehemmten Lauf ließ, einem Anti-Amerikanismus, der das außenpolitische Pendant zu seinem Haß auf die Bürgerlichkeit überhaupt darstellt."

Lizzie läßt sich durch den Senator bereden, unterschreibt, bereut dann aber wieder ihre Tat, versucht den Neger zu retten, um dann schließlich — nach dessen Tod — doch wieder zu Fred überzuschwenken, der ihr ein angenehmes Leben in Aussicht stellt. Dieser ,,Gesinnungswechsel" Lizzies ist ein Zeichen ihrer ,,Lebensklugheit": auch sie, vielleicht ein wenig von der Morbidität der Weißen angesteckt, wählt den Weg, der ihr der gangbarste und bequemste erscheint: Sartre hat keine große Meinung von der ethischen Lauterkeit und Unbedingtheit der Menschheit.

DIE AKTUALITÄT DES DRAMAS „DIE EHRBARE DIRNE"

Die Aktualität der Thematik des Dramas „Die ehrbare Dirne" von Jean-Paul Sartre erweisen Vorfälle, die sich auch heute noch immer wieder ereignen. So veröffentlichte die Tageszeitung „Die Welt" im Januar 1984 folgende Notiz:

Zweierlei Recht?

dpa, New York

Wer in den Vereinigten Staaten einen Weißen tötet, läuft ein erheblich höheres Risiko, auf dem elektrischen Stuhl zu enden, als der Mörder eines Schwarzen. Zu diesem Ergebnis kommen zwei Wissenschaftler von der Stanford-Universität in einer Studie, über die die „New York Times" berichtete. Die Begründung der Wissenschaftler: Unbewußter Rassismus bei Richtern und Strafverfolgern und die Tendenz der meist weißen Geschworenengerichte, sich mit weißen Opfern zu identifizieren.

In seiner Botschaft zum Weltfriedenstag am 1. Januar 1984 nahm auch Papst Johannes Paul II. zu dem Thema der Achtung der Menschen voreinander Stellung: „Eine Gesellschaft ist nicht gerecht, wenn sie nicht die Grundrechte der menschlichen Person achtet", führte der Papst aus. Er warnte davor, die Menschen in Kategorien des Gegeneinander einzuteilen, die Meinungen und Ansichten anderer, ihre politischen, rassischen und religiösen Zugehörigkeiten zu verurteilen und abzuwerten; er forderte eine „Erneuerung des Herzens", denn — so der Papst — Friede und Versöhnung unter den Menschen könnten nur ihren Herzen entspringen, denn sie werden im Herzen der Menschen geboren ebenso wie Haß und Rache: „Der Mensch ist es, der verfolgt und tötet, und nicht sein Schwert, oder wie heute seine Raketen.." Es ist, sagte der Papst, für den Frieden notwendig, daß die einzelnen

Menschen und die Völker eine ,,wahre Freiheit des Geistes" erlangen, ,,um sich des einseitigen Charakters philosophischer und sozialer Systeme bewußt zu werden".
Dies gilt auch insbesondere für politische, rassische und religiöse Einstellungen und Vorurteile. Geistige Enge und Intoleranz sind zu überwinden, wenn Gerechtigkeit herrschen soll. Und sie ist nötig, wenn alle Menschen, alle Konfessionen, Religionen und Rassen ein menschenwürdiges und freies, gesichertes Leben führen sollen.
So widersinnig es scheint, die Theologie des Papstes Jan Woityla mit der ,,Theologie ohne Gott" des Existentialisten Jean-Paul Sartre, wie Egon Vietta sie bezeichnet hat, in Verbindung zu bringen, so sehr zeigt die Stellungnahme Sartres in seinem Bühnenstück ,,Die ehrbare Dirne" doch gewisse Berührungspunkte: Rassendiskriminierung ist Menschheitsdiskriminierung und in gleicher Weise zu verurteilen wie jede andere Entwürdigung der menschlichen Person schlechthin.

DAS SPIEL IST AUS

DER ABLAUF DES GESCHEHENS

(Gang der Handlung)

Das Filmszenario ,,Das Spiel ist aus" (,,Lex Jeux sont faits", 1947) behandelt eins der wichtigsten Themen der Sartreschen Philosophie: das Thema der existentiellen Freiheit. Der Determinismus, welchen der Titel des Spieles ausdrückt, widerspricht scheinbar der Sartreschen Lehre von der Freiheit; doch kommt die Idee derselben in dem Filmszenario in doppelter Weise zum Ausdruck: wirklich frei sind nur die Toten; die Lebenden verspielen und verlie-

ren ihre potentielle Freiheit in einem politischen oder sozialen Engagement.
Den Beweis hierfür liefern der Arbeiter und Gewerkschaftsfunktionär Pierre Dumaine und die Frau des Polizeioffiziers André Charlier, Ève Charlier. Beide fallen dem tyrannischen Regime der Milizregierung zum Opfer: André Charlier, der seine Schwägerin Lucette begehrt, vergiftet gewissenlos seine Frau Ève; Pierre Dumaine, Anführer der Verschwörer, plant einen Aufstand gegen die Diktatur der Milizregierung und wird am Vortag der Revolution bei einem Racheanschlag erschossen. Beide aber, sowohl Pierre Dumaine wie auch Ève Charlier existieren weiter — als Tote.
Den Übergang von der Realität in die Irrealität, von der wahren leiblichen Existenz in die Scheinexistenz der Toten schildern folgende Szenen:

Die Vorstadtstraße

Pierre liegt mitten auf der Straße neben seinem Fahrrad, dessen Vorderrad noch ins Leere weiterdreht.
Hinter dem Mauervorsprung versteckt, schwingt sich Lucien auf sein eigenes Rad und tritt wie wild in die Pedale.
Weiter unten haben die Arbeiter ihre Tätigkeit eingestellt. Sie haben die Schüsse gehört, heben aber zunächst nur verständnislos den Kopf. Zögernd entschließt sich endlich einer, die Straße hinaufzugehen.
Ein schwerer Lastwagen hat kurz vor Pierres Leichnam gestoppt. Der Fahrer und zwei Arbeiter springen herunter. Von weiter her laufen andere Arbeiter herbei. Bald steht ein Kreis von Männern dicht um den daliegenden Körper herum. Pierre wird erkannt, und man hört Ausrufe von allen Seiten:
,,Das ist ja Dumaine!"

,,Was ist los?"
,,Das ist Dumaine!"
,,Sie haben Dumaine umgelegt!"
In der allgemeinen Verwirrung hat niemand auf den Tritt einer heranmarschierenden Truppe geachtet, der erst fern, jetzt aber ganz deutlich zu hören ist. Plötzlich, ganz in der Nähe, setzt der Gesang der Miliz ein. Ein Arbeiter mit hartem Gesicht stößt hervor:
,,Wer soll das sein?"
In diesem Augenblick kommt ein Abteilung Milizsoldaten aus einer Nebenstraße heraus. Einer nach dem andern drehen sich die Arbeiter um und machen Front gegen die Truppe, die auf sie zukommt. Heftiger Zorn steigt in ihren Gesichtern auf. Eine Stimme speit aus:
,,Die Schweine!"
Die Abteilung marschiert weiter, die Soldaten singen, und der Führer an ihrer Spitze mustert beunruhigt die Gruppe der Arbeiter. Diese stehen jetzt alle da und versperren mit drohender Miene die Straße. Einige lösen sich aus dem Haufen und heben unauffällig Pflastersteine und Eisenstücke am Straßenrand auf.
Nach einigen Schritten gibt der Milizführer ein Ankündigungskommando, dann ruft er:
,,Halt!"
In diesem Augenblick richtet sich ein anderer Pierre langsam auf, während sein Leichnam auf dem Boden ausgestreckt liegenbleibt... Er sieht aus, als erwache er aus einem Traum, und putzt sich mechanisch den Ärmel ab. Er dreht der stummen Szene, die sich abspielt, den Rücken zu. Zwar stehen ihm drei Arbeiter gegenüber, die ihn sehen könnten; sie sehen ihn aber nicht.
Pierre wendet sich an den Nächststehenden:
,,Na, Paulo, was ist los?"
Der Angeredete reagiert überhaupt nicht. Er streckt nur die Hand aus und sagt zu seinem Nebenmann:
,,Gib mir auch einen rüber."

Der zweite Arbeiter reicht Paulo einen Backstein. Brutal ertönt die Kommandostimme des Milizführers:
,,Straße frei machen!"
In der Gruppe der Arbeiter rührt sich nichts.
Pierre wendet sich lebhaft um, besieht sich die beiden feindlichen Lager und murmelt:
,,Dicke Luft!"
Dann geht er zwischen zwei Arbeitern durch, unsichtbar für ihre Augen, und entfernt sich langsam... Auf seinem Weg kommt er an ein paar Arbeitern vorbei, die mit Schaufeln und Eisenstangen bewaffnet sind. Sie gehen vorüber, ohne ihn zu sehen. Pierre betrachtet jeden, der ihm begegnet, etwas verwundert, dann zuckt er die Achseln, gibt es schließlich auf, die Sache zu begreifen, und geht endgültig seines Wegs, während hinter ihm die Kommandostimme des Milizführers gebieterisch brüllt:
,,Zurück! Straße frei machen! Ich befehle es!"

Èves Zimmer und der Salon

André und Lucette haben Èves Leichnam auf das Bett gelegt.
Während André die Pelzdecke über seine tote Frau breitet, sinkt Lucette kraftlos zusammen und weint heftig schluchzend über der reglosen Hand ihrer Schwester...
In diesem Augenblick streichelt eine Frauenhand Lucettes Haar, ohne daß das junge Mädchen im geringsten darauf achtet. Ève steht aufrecht da und sieht ihre Schwester an...
Ihr leicht erstauntes Gesicht zeigt freundliches Mitgefühl wie bei einem harmlosen und rührenden Kummer. Sie hebt sanft die Schultern und entfernt sich ohne weiteres in Richtung Salon. Während Lucette über der sterblichen Hülle ihrer Schwester weint, geht Ève in ihrem Morgenrock in den Salon hinüber und weiter ins Vestibül.

Sie läuft Rose, ihrem Stubenmädchen, in den Weg, die, ohne Zweifel durch den Lärm alarmiert, diskret nachsehen kommt, was im Zimmer vor sich geht: Ève ist stehengeblieben, sieht ihr nach und ruft sie an:
,,Rose.''
Aber Rose kommt wieder heraus, ein wenig verwirrt von dem, was sie eben gesehen hat, und läuft rasch in das Dienstmädchenzimmer zurück.
,,Nun, Rose?'' wiederholt sie. ,,Wohin so schnell?''
Ève ist etwas überrascht, als sie sehen muß, daß Rose aus dem Salon läuft, ohne ihr zu antworten, ja, offenbar ohne sie gesehen oder gehört zu haben.
Plötzlich erhebt sich eine Stimme, erst leise, dann immer gellender:
,,Laguénésie ... Laguénésie ... Laguénésie ...''
Ève geht wieder weiter, durchquert den Salon und kommt in ein langes Vestibül. Plötzlich bleibt sie stehen; ihr gegenüber hängt ein großer Wandspiegel, in dem sich normalerweise ihr Bild spiegeln müßte. Der Spiegel zeigt jedoch nur die gegenüberliegende Korridorwand. *Ève entdeckt, daß sie kein Spiegelbild hat.* Bestürzt macht sie noch einen Schritt vorwärts. Nichts...
In diesem Augenblick erscheint Rose wieder auf der Bildfläche und nähert sich hastig dem Spiegel. Sie hat die weiße Schürze ausgezogen und hält Hut und Tasche in der Hand. Ohne Ève zu sehen, stellt sie sich zwischen ihre Herrin und den Spiegel und macht sich daran, ihren Hut zurechtzurücken.
So sehen beide in den Spiegel, aber nur Rose spiegelt sich darin. Erstaunt tritt Ève beiseite und sieht bald auf Rose, bald auf deren Spiegelbild...
Man hört wieder die Stimme, die langsam fortfährt: ,,Languénésie... Languénésie... Languénésie...''
Eve zuckt gleichmütig die Achseln und geht hinaus.

Languénésie ist der Name einer Gasse, in welcher sich das ,,Sekretariat" der Totenregistratur befindet. Dort haben sich alle Verstorbenen, also auch Pierre und Ève, einzufinden, um in die Liste der Toten eingetragen zu werden. In welch makaber-humorvoller Weise sich dies vollzieht, zeigen die beiden Szenen ,,Die Languénésie-Gasse" und ,,Das Hinterzimmer".

Die Languénésie-Gasse

In Doppelreihe warten etwa zwanzig Menschen vor dem Laden der Sackgasse. Dichtgedrängt stehen dort Leute jeden Alters und Herkommens: ein Arbeiter mit Schirmmütze, eine alte Dame, eine sehr schöne Frau im Pelzmantel, ein Trapezkünstler im enganliegenden Trikot, ein Soldat, ein Herr mit Zylinder, ein kleiner Greis mit Bart, der mit dem Kopf wackelt, zwei Männer in Milizuniformen, noch ein paar andere und als letzter Pierre Dumaine.
Front und Inneres des Ladens liegen in tiefem Dunkel. Außen kein Schild.
Nach ein paar Sekunden öffnet sich die Tür selbständig mit einem dünnen, spitzen Glockenton. Die erste Person aus der Gruppe betritt den Laden, und die Tür geht leise hinter ihr zu.
Da taucht Ève auf und läuft mechanisch die wartende Schlange entlang. Sofort schreit es von allen Seiten:
,,Hinten anstellen!"
,,Was die sich einbildet!"
,,Das geht aber doch zu weit!"
,,Die hat's auch nicht eiliger als wir!"
,,Hinten anstellen! Hinten anstellen!"
Ève bleibt stehen, dreht sich um und stellt lächelnd fest:
,,Sieh mal an, ihr *seht* mich? Ihr seid nicht gerade liebenswürdig, aber es freut mich trotzdem."

,,Klar sehen wir Sie'', gibt eine dicke, bedrohlich aussehende Frau zurück. ,,Und versuchen Sie ja nicht reinzukommen, ehe Sie dran sind.''

Nur Pierre hat nichts gesagt, aber er sieht Ève an.

Noch einmal klingelt das Glöckchen, und die Leute rücken um einen auf.

Gehorsam geht Ève nach hinten und stellt sich am Ende der Schlange an.

Pierre sieht ihr nach. Er steht neben dem kleinen Greis, der mit dem Kopf wackelt. Erneut klingelt die Glocke, und die Tür geht auf: ein Mann und eine Frau stürzen, sich gegenseitig anrempelnd, in den Laden. Pierre und der kleine Greis gehen wieder einen Schritt vor. Pierre betrachtet seinen Nachbarn mit wachsendem Ärger. Schließlich kann er nicht mehr an sich halten.

,,Wollen Sie nicht endlich Ruhe geben'', stößt er heftig hervor. ,,So halten Sie doch Ihren Kopf still!''

Der kleine Greis zuckt nur mit den Achseln und wackelt weiter.

Ein paar Sekunden später klingelt die Glocke wieder, die Glastür geht von allein auf. Pierre geht hinein. Die Tür schließt sich von selbst. Die Leute rücken einen Schritt auf.

In dem vollständig leeren Laden kann Pierre staubige Ladentische und Regale erkennen. Ohne Zögern geht er auf eine Tür zu, die offensichtlich in das Ladenhinterzimmer führt.

Das Hinterzimmer

Nachdem Pierre die Tür hinter sich geschlossen hat, tritt er ins Zimmer.

Er macht ein paar Schritte auf eine Dame zu, die hinter einem Schreibtisch sitzt. Darauf steht eine Öllampe, die dem Raum etwas zusätzliches Licht gibt. Denn das Tageslicht kann nur durch ein

schmales Fenster vom Hinterhof eindringen und erleuchtet ihn nur spärlich.
Die Wände sind mit Medaillons, Stichen, Gemälden bedeckt, die, soweit man erkennen kann, alle die Laguénésie-Gasse darstellen.
Pierre geht bis zum Tisch und fragt:
,,Verzeihung, bin ich mit Ihnen verabredet?''
Würdevoll und korpulent, die Lorgnette in der Hand, sitzt die alte Dame vor einem riesigen, aufgeschlagenen Hauptbuch, auf dem ein dicker schwarzer Kater zusammengerollt liegt.
Leutselig lächelnd sieht sie Pierre durch die Lorgnette an.
,,Gewiß, mein Herr.''
,,Dann können Sie mir vielleicht sagen, was ich hier soll?'' fährt Pierre fort und streichelt den Kater, der sich streckt und sich an ihm reibt.
,,Regulus!'' weist die Dame den Kater zurück. ,,Willst du den Herrn in Ruhe lassen!''
Lächelnd nimmt Pierre den Kater auf den Arm, während die alte Dame fortfährt:
,,Ich will Sie nicht lange aufhalten, mein Herr. Ich benötige Sie für eine kleine standesamtliche Formalität.''
Sie blättert in dem aufgeschlagenen Hauptbuch:
,,Sie heißen Pierre Dumaine?''
Überrascht stottert Pierre:
,,Ja . . . aber ich . . .''
Bedächtig dreht die alte Dame die Seiten um:
,,. . . Da, da, di, di, do, du . . . Dumaine, da haben wir's schon . . . 1912 geboren?''
Jetzt ist Pierre sprachlos. Die Katze nutzt die Gelegenheit, um ihm auf die Schulter zu klettern.
,,Juni 1912, ja . . .''
,,Sie waren Vorarbeiter in der Gießerei von Answer?''
,,Ja.''

,,Und Sie sind heute morgen um zehn Uhr fünfunddreißig getötet worden?"
Jetzt beugt sich Pierre vor, die Hände auf den Tisch gestützt, und starrt die alte Dame wie betäubt an. Die Katze springt von seiner Schulter auf das Hauptbuch.
,,Getötet?" bringt Pierre ungläubig hervor.
Liebenswürdig bestätigt es ihm die alte Dame. Ruckartig wirft Pierre den Oberkörper zurück und lacht los:
,,Das ist es also ... Das ist es ... Ich bin tot."
Sein Lachen verstummt unvermittelt, und fast heiter erkundigt er sich:
,,Und wer hat mich getötet?"
,,Eine Sekunde bitte..."
Mit der Lorgnette vertreibt sie den Kater vom Hauptbuch.
,,Weg da, Regulus! Du liegst auf dem Namen des Mörders."
Dann entziffert sie die Eintragung im Hauptbuch.
,,Aha: Sie sind von Lucien Derjeu getötet worden."
,,Oh. Das Schwein!" stellt Pierre einfach fest. ,,Na schön, hat er mich also getroffen."
,,So ist's recht", sagt die alte Dame lächelnd, ,,Sie nehmen die Sache gut auf. Ich wollte, ich könnte das von allen sagen, die hierherkommen."
,,Ärgern sie sich darüber, daß sie tot sind?"
,,Ja, es gibt so griesgrämige Naturen..."
,,Wissen Sie", erklärt Pierre, ,,ich lasse niemanden zurück, ich kann ganz ruhig sein." Er fängt an, lebhaft im Zimmer umherzugehen, und fährt fort:
,,Und schließlich, das entscheidende ist, daß man getan hat, was man tun mußte."
Er wendet sich wieder der alten Dame zu, die ihn durch ihre Lorgnette skeptisch ansieht.
,,Oder sind Sie andrer Meinung?" fragt er.

,,Ach, wissen Sie'', sagt sie, ,,ich bin nur eine einfache Angestellte...''
Dann dreht sie das Hauptbuch Pierre zu:
,,... Ich bitte Sie noch um Ihre Unterschrift...''
Eine Sekunde lang gerät Pierre aus der Fassung. Schließlich kommt er zum Tisch zurück, nimmt den Federhalter und unterschreibt.
,,So ...'' erklärt die alte Dame. ,,Nun sind Sie richtig tot.''
Pierre richtet sich auf, immer noch ein bißchen verwirrt. Er legt die Feder hin, streichelt den Kater und fragt:
,,Und wo soll ich hingehen?''
Die alte Dame sieht ihn erstaunt an:
,,Wohin Sie wollen.''
Als er jedoch zu der Tür hinausgehen will, durch die er gekommen ist, verweist sie ihn auf eine andere Tür an der Seite:
,,... Nein, da raus ...''
Während Pierre die Tür schließt, hält sich die alte Dame ihre Lorgnette vor die Augen, liest in ihrem Hauptbuch und tut dann ganz ungezwungen so, als ziehe sie an einer Schnur. Und in der Ferne hört man das Glöckchen an der Eingangstür klingeln, das den nächsten Kunden ankündigt.
Pierre und Ève leben nun als Tote unter Toten. Alle Geschäftigkeit und Hast, das Engagement, welches die Lebenden antreibt, sind von ihnen gewichen.

Ein Park

Pierre und ein Alter schlendern nebeneinander durch eine Allee im Park.
Müde wendet sich Pierre an seinen Begleiter:
,,Das ist eine schöne Schweinerei, tot zu sein!''

,,Ja ... Aber es gibt immerhin kleine Entschädigungen ..."
,,Sie sind nicht sehr anspruchsvoll!"
,,Keine Verantwortung. Keine materiellen Sorgen. Totale Freiheit. Erstklassige Zerstreuungen."
Pierre lacht bitter:
,,Der Regent zum Beispiel ..."
,,Sie stellen sich immer auf den Standpunkt der Erde. Aber Sie werden sicher auch noch vernünftig werden."
,,Hoffentlich nicht! Die Weisheit der Toten macht mich ganz irre."
In diesem Augenblick kommen sie an einer hübschen Marquise vorbei. Der Alte folgt ihr lächelnd mit den Blicken und fügt hinzu:
,,Und außerdem gibt es hübsche Tote ..."
Pierre antwortet nicht.

Beim Spaziergang im Park begegnen sich auch Pierre und Ève. Diese Begegnung ist von der Totenbehörde anberaumt worden, da beide ,,füreinander bestimmt sind": ,,Pierre Dumaine — Ève Charlier. Anberaumte Begegnung: zehn Uhr dreißig im Park der Orangerie."

Ohne Ève anzusehen, sagt Pierre:
,,Sie sind schön."
,,Ich war schön", korrigiert Ève ihn lächelnd.
Noch immer ohne sie anzusehen, antwortet Pierre:
,,Sie sind schön. Der Tod steht Ihnen gut. Und dann, Sie haben da so ein Kleid an ..."
,,Das ist ein Morgenrock."
,,Sie könnten ihn zum Ball anziehen."
Nach kurzem Schweigen fragt Pierre:
,,Haben Sie hier in der Stadt gewohnt?"
,,Ja."
,,So was Dummes", murmelt er, ,,Wenn ich Ihnen früher begegnet wäre ..."

,,Was hätten Sie denn getan?"
Pierre will etwas sagen, aber das Wort bleibt ihm im Hals stecken. Sein Gesicht verdüstert sich, und er brummt: ,,Nichts."

Etwas später suchen Pierre und Ève ein elegantes Lokal im Park auf.
Ève und Pierre stehen sich in tiefer Verwirrung an. Er bewegt die Lippen, als wollte er sagen: ,,Ich liebe Sie..."
Ève nähert ihr Gesicht dem seinen. Man hat einen Moment lang den Eindruck, als wollten sie sich küssen.
Aber Ève findet ihre Beherrschung wieder. Sie entfernt sich von Pierre und steht auf, ohne jedoch seine Hand loszulassen.
,,Kommen Sie tanzen", sagt sie.
Pierre sieht sie erstaunt an.
,,Ich tanze aber sehr schlecht..."
,,Macht nichts, kommen Sie!"
Pierre steht auf, immer noch zögernd:
,,Alle werden uns zusehen..."
Nun lacht Ève laut hinaus:
,,Aber nein. Kein Mensch."
Auch er lacht über seinen Schnitzer und umfaßt die junge Frau ein wenig schüchtern.
Sie gehen zwischen den Tischen hindurch auf die Tanzfläche.
Bald sind sie allein auf der Tanzfläche, und Pierre führt seine Partnerin schon viel sicherer.
,,Was haben Sie mir denn da vorgemacht?" sagt Ève. ,,Sie tanzen doch sehr gut."
,,Das ist das erste Mal, daß man mir das sagt."
,,Sie brauchten eben mich als Tänzerin."
,,Ich glaube es fast..."
Sie sehen sich an und tanzen eine Weile schweigend.
,,Sagen Sie", fragt Pierre plötzlich, ,,was geht hier eigentlich vor?

Vorhin dachte ich nur an meine Sorgen, und jetzt bin ich hier ... Ich tanze und sehe nur Ihr Lächeln ... Wenn das der Tod wäre ..."
,,Das?"
,,Ja. Mit Ihnen tanzen, immer, nichts sehen als Sie, alles andere vergessen ..."
,,Ja, und?"
,,Der Tod wäre besser als das Leben. Finden Sie nicht auch?"
,,Halten Sie mich fester", haucht sie.
Ihre Gesichter sind einander ganz nahe. Sie tanzen noch einen Augenblick weiter, und sie wiederholt:
,,Halten Sie mich fester..."
Plötzlich wird Pierres Gesicht traurig. Er hört auf zu tanzen, rückt ein wenig von Ève ab und murmelt:
,,Es ist ja alles Theater. Ich habe Ihre Taile nicht einmal berührt..."
Ève begreift nun ebenfalls:
,,Wahrhaftig", sagt sie langsam, ,,wir tanzen jeder für sich..."
Sie bleiben voreinander stehen.
Dann streckt Pierre die Hände aus, als wolle er sie auf die Schultern der jungen Frau legen, dann zieht er sie unwillig wieder zurück:
,,Mein Gott", sagt er, ,,wie süß wäre es, Ihre Schultern zu berühren. Ich möchte so gerne Ihren Atem spüren, wenn Sie mich anlächeln. Aber auch das habe ich verpaßt. Ich bin ihnen zu spät begegnet..."
Ève legt Pierre die Hand auf die Schulter.
Sie sieht ihn liebevoll an:
,,Ich gäbe meine Seele dafür hin, einen Augenblick lang wieder zu leben und mit Ihnen zu tanzen."
,,Ihre Seele?"
,,Das ist alles, was wir noch besitzen."

Pierre nähert sich seiner Begleiterin und umfaßt sie von neuem. Sie beginnen wieder zu tanzen, sehr zart, Wange an Wange, mit geschlossenen Augen.
Plötzlich verlassen Pierre und Ève die Tanzfläche und sind in der Rue Laguénésie, deren Kulisse auf einmal um sie herum ersteht, während die Milchbar langsam verschwindet.
Pierre und Ève tanzen noch immer, ohne zu bemerken, was vorgefallen ist. Sie sind jetzt völlig allein in jener Sackgasse, in der man am Ende den einzelnen Laden sieht...
Schließlich beendet das Paar den Tanz mit einer langsamen Drehung. Sie öffnen die Augen und bleiben stehen.
Ève rückt ein wenig von ihm ab und sagt:
„Ich muß Sie verlassen. Ich werde erwartet."
„Ich auch."
Jetzt erst blicken sie um sich und erkennen die Laguénésie-Gasse.
Pierre hebt den Kopf, als höre er einen Ruf, und sagt:
„Wir werden beide erwartet..."
Zusammen gehen sie auf den dunklen Laden zu; die Tanzmusik wird immer gedämpfter, und man hört das Klingeln des Glöckchens am Eingang.

Die alte Dame in der Totenregistratur, in der sie sich zu melden haben, gibt ihnen Kenntnis von dem Artikel 140 der Bestimmungen für Personen, die unter gewissen Bedingungen füreinander bestimmt sind.

Das Hinterzimmer

Die alte Dame sitzt an ihrem Pult, die Ellbogen auf dem großen geschlossenen Hauptbuch, das Kinn auf die verschränkten Hände gestützt.

Der Kater liegt wie gewöhnlich auf dem Hauptbuch.
Ève und Pierre nähern sich schüchtern der alten Dame. Diese richtet sich auf:
,,Ach, da sind Sie ja... Sie kommen fünf Minuten zu spät."
,,Wir haben uns also nicht getäuscht?" fragt Pierre. ,,Sie haben uns erwartet?"
Die alte Dame schlägt das dicke Buch an einer durch ein Lesezeichen gekennzeichneten Stelle auf und beginnt mit kalter und eintöniger Kanzlistenstimme zu lesen:
,,Artikel 140: Falls auf Grund eines Irrtums, für den einseitig die Direktion verantwortlich ist, ein Mann und eine Frau, die füreinander bestimmt waren, sich zu ihren Lebzeiten nicht begegnet sind, so können sie unter bestimmten Bedingungen die Erlaubnis, auf die Erde zurückzukehren, erbitten und erhalten, um dort ihre Liebe zu verwirklichen und das gemeinsame Leben zu führen, das ihnen unrechtmäßigerweise vorenthalten worden war."
Sie hört auf zu lesen, hebt den Kopf und blickt durch ihre Lorgnette auf das verdutzte Paar.
,,Sind Sie deshalb hier?"
Pierre und Ève sehen sich gegenseitig an, und unter ihrer Verblüffung regt sich große Freude.
,,Soll das heißen ..." stammelt Pierre.
,,Wünschen Sie, auf die Erde zurückzukehren?"
,,Mein Gott, Madame ..." sagt Ève.
Die alte Dame drängt, leicht gereizt:
,,Ich stellte Ihnen eine präzise Frage", sagt sie ungeduldig, ,,antworten Sie."
Pierre wirft seiner Begleiterin einen freudig fragenden Blick zu.
Ève antwortet durch ein Kopfnicken: Ja...
Dann wendet er sich wieder an die alte Dame und erklärt:
,,Wir wünschen es, Madame. Wenn es möglich ist, wünschen wir es."

,,Es ist möglich, mein Herr'', versichert die alte Dame. ,,Es kompliziert zwar den Dienst ungeheuer'', fügt sie hinzu, ,,aber es ist möglich.''
Pierre ergreift stürmisch Èves Arm. Aber unter dem strengen Blick der alten Dame läßt er ihn schleunigst wieder los, und sein Gesicht wird wieder ernst.
Im Ton eines Standesbeamten befragt sie Pierre:
,,Sie behaupten, für Madame geschaffen zu sein?''
,,Ja'', sagt er schüchtern.
,,Madame Charlier, Sie behaupten, für Monsieur geschaffen zu sein?''
Errötend wie eine junge Braut murmelt Ève:
,,Ja...''
Nun beugt sich die alte Dame über ihr Hauptbuch, blättert darin und murmelt vor sich hin:
,,Camus ... Cera ... Chalot ... Charlier ... Hier, Da ... di, do ... Dumaine ... Da haben wir's. Stimmt tatsächlich. Sie waren amtlich füreinander bestimmt. Der Abteilung Geburten ist da ein Irrtum unterlaufen.''
Ève und Pierre strahlen sich glücklich und verwirrt an und drücken sich verstohlen die Hände.
Ève ist etwas erstaunt, Pierre ein bißchen eitel.
Die alte Dame lehnt sich zurück und prüft die beiden aufmerksam durch ihre Lorgnette.
,,Schönes Paar!'' sagt sie.
Dann beugt sie sich wieder über das Buch, aus dem sie den berühmten Artikel 140 vorgelesen hat. Aber diesmal faßt sie zusammen:

,,Sie müssen folgende Bedingungen erfüllen: Sie kehren ins Leben zurück. Vergessen Sie nichts von dem, was Sie hier erfahren haben. Falls es Ihnen innerhalb von vierundzwanzig Stunden gelingt,

sich in vollem Vertrauen und mit allen Kräften zu lieben, haben Sie Anrecht auf ein vollständiges menschliches Leben."
Dann deutet sie auf einen Wecker auf ihrem Schreibtisch:
„... Wenn Sie das in vierundzwanzig Stunden, das heißt morgen um zehn Uhr dreißig nicht erreicht haben..."
Pierre und Ève starren angstvoll auf den Wecker.
„Wenn zwischen Ihnen auch nur das leiseste Mißtrauen bestehenbleibt ... nun, dann werden Sie mich wieder aufsuchen und Ihren Platz unter uns wieder einnehmen. Alles klar?"
Bei Pierre und Ève mischt sich die Freude mit Angst, was sich in einer furchtsamen Zustimmung äußert:
„Alles klar!"
Nun erhebt sich die alte Dame und verkündet feierlich:
„Also, Sie sind vereint."
Dann ändert sie den Ton und reicht ihnen lächelnd die Hand:
„Herzlichen Glückwunsch."
„Danke schön", sagt Pierre.
„Meine besten Wünsche begleiten Sie."
Pierre und Ève verbeugen sich, fassen sich ein bißchen linkisch an den Händen und gehen auf die Tür zu.
„Entschuldigen Sie, Madame ... Aber wenn wir da drüben ankommen, was werden da die Lebenden denken?"
„Werden wir nicht allzu komisch wirken?" fragt Ève sorgenvoll.
Die alte Dame schüttelt den Kopf und klappt ihr Hauptbuch zu.
„Keine Sorge. Wir bringen alles auf den Stand der Minute, in der Sie gestorben sind. Niemand wird Sie für Gespenster halten."
„Vielen Dank ..."
Pierre und Ève verbeugen sich noch einmal. Dann gehen sie hinaus, sich noch immer an der Hand haltend.

Pierre Dumaine und Ève Charlier kehren in das reale Dasein auf Erden zurück. Aber bald zeigt es sich, daß Pierre sich aufs neue in

Angelegenheiten der Revolution verstrickt und Ève ihre jüngere Schwester Lucette vor den Zudringlichkeiten ihres Gatten André, der sie vergiftet hat, bewahren will. Beide verrennen sich in sinnlose Aufgaben, verwickeln sich in irdische Streitigkeiten und Eifersüchteleien und verlieren das Vertrauen zueinander. Die reale Umwelt ist stärker als ihre Liebe. Dazu kommt das Gespött der Menschen: Ève wird von ihrer versnobten Luxusgesellschaft wegen ihrer Beziehung zu dem primitiven und sozial unter ihr stehenden Arbeiter Pierre verlacht und angegriffen: Pierre wird umgekehrt von seinen Genossen wegen seiner Beziehung zu der der herrschenden Militärclique zugehörigen Ève zum Klassenfeind und Verräter an den Idealen und Zielen der Arbeiterschaft gestempelt.
Die Feindseligkeit und Gehässigkeit der Umwelt, der ,,lebenden" Menschen schlechthin, bewirken ihre Entfremdung und Trennung. Beide sind wieder ,,engagiert" und nicht mehr ,,frei". So ist die Chance der Vereinigung im Diesseits vertan und beide müssen in das Reich des Jenseits, in das Land der Toten zurückkehren. Das Spiel ist aus.

FREIHEIT UND GEBUNDENHEIT IN SARTRES ,,DAS SPIEL IST AUS"

(Sartre und Schiller)

Der Mensch ist — nach Sartre — ein zur Freiheit ,,verurteiltes" Wesen. Er sucht und hat sich selbst zu verwirklichen. Nur in Freiheit kann er sich finden, seine Identität erkennen, er selber sein, ,,Ich" sein. Die Freiheit des Menschen, die Verwirklichung seiner Identität aber ist identisch mit der Freiheit, mit der Identität aller anderen Menschen. Der Auftrag des Menschen ist es deshalb, der Freiheit und der eigenen Identität zur Existenz zu verhelfen. Das

kann wiederum aber nur in einem von Zwängen und Verstrickungen losgelösten Dasein geschehen. Reine Menschlichkeit gewinnt der Mensch nur, wenn er sich aller Bindungen, aller Teilhabe, aller Parteinahme, allen Einsatzes begibt, wenn er nur — Mensch sein will. ,,Alle menschlichen Gebrechen sühnet reine Menschlichkeit'', sagt Goethe. Sartre sagt: ,,Schuld ist der tragische Irrtum eines Handelns, das gegen sich selbst handelt.'' Pierre Dumain und Ève Charlier wird die Chance geboten, reine Menschlichkeit zu gewinnen. Die Bedingungen: volles Vertrauen zueinander und unbeirrte gegenseitige Liebe, die durch keinen Anflug auch nur des leisesten Zweifels und Mißtrauens gestört werden. Reine Menschlichkeit muß von allen irdischen Mißhelligkeiten, Mißklängen, muß von Ärger und Zwietracht, Angst und Furcht, von jeder Disharmonie und Dissonanz, von allen Verstrickungen in soziale und politische Divergenzen frei bleiben.
Wie sehr sich hier Sartres Idee der reinen Menschlichkeit mit Schillers idealistischer Vorstellung des Gegensatzes von Ideal und Leben berührt, mag aus der Betrachtung einiger Zeilen aus Schillers Gedicht ,,Das Ideal und das Leben'' erhellen:

> Zwischen Sinnenglück und Seelenfrieden
> bleibt dem Menschen nur die bange Wahl:
>
> Wollt ihr schon auf Erden Göttern gleichen,
> Frei sein in des Todes Reichen,
> Brechet nicht von seines Gartens Frucht!
> Selbst der Styx, der neunfach sie umwindet,
> Wehrt die Rückkehr Ceres' Tochter nicht:
> Nach dem Apfel greift sie, und es bindet
> Ewig sie des Orkus Pflicht.

Pierre und Ève, denen — um mit Schiller zu sprechen — ,,der Styx'' die Rückkehr nicht gewehrt hat, greifen auf Erden wieder nach dem ,,Apfel" der Versuchung, der Verführung und Verstrickung in irdische ,,Zeitgewalt":

> ,,Denn der Körper eignet jenen Mächten,
> Die das dunkle Schicksal flechten ..."

Es gelingt ihnen nicht, Vertrauen und Liebe uneingeschränkt zu bewahren, die ,,Angst des Irdischen", wie Schiller sagt, von sich zu werfen, ,,vom Kampf sich zu entstricken": vielmehr, und auch hier bleiben wir in der Diktion Schillers, ,,reißt sie das Leben wieder in seine Fluten, reißt die Zeit sie wieder in ihren Wirbeltanz". Es ist ihnen nicht gelungen, ,,die Gottheit, das Gesetz der Freiheit, in ihren Willen aufzunehmen", die geforderte Probe zu bestehen. Ihre Gebundenheit hat die Möglichkeit ihrer Freiheit zerstört. So müssen sie, Pierre und Ève, zurückkehren

> ,,... in die heiteren Regionen,
> Wo die reinen Formen wohnen,
> Hier rauscht des Jammers trüber Sturm nicht mehr.
> Hier darf Schmerz die Seele nicht durchschneiden,
> Keine Träne fließt hier mehr dem Leiden,
> Nur des Geistes tapf'rer Gegenwehr.
> Lieblich, wie der Iris Farbenfeuer,
> Auf der Donnerwolke duft'gem Tau,
> Schimmert durch der Wehmut düstren Schleier
> Hier die Ruhe heitres Blau."

Sartre und Schiller — der Existentialist und der Idealist: selten ist wohl die Beziehung zweier so gegensätzlicher Naturen erkannt und hervorgehoben worden. Hier aber berühren sie sich: in der Erkenntnis, daß Freiheit und Gebundenheit in die Hand des Menschen selbst gelegt sind, daß es seiner ganzen Kraft bedarf, die Gebundenheit zu überwinden, um die Freiheit zu erlangen, daß der Mensch für sich selber und seine Taten verantwortlich ist: ,,Wenn einmal die Freiheit in einer Menschenseele aufgebrochen ist", sagt Sartre, „vermögen die Götter nichts mehr gegen den Menschen." Genau das war auch die Auffassung Friedrich Schillers.

JEAN-PAUL SARTRE ÜBER „DAS SPIEL IST AUS"

Mein erster Film, *Das Spiel ist aus,* wird nicht existentialistisch sein. Ganz im Gegenteil: der Existentialismus läßt keineswegs zu, daß das Spiel jemals aus ist. Noch nach unserem Tod setzen sich unsere Handlungen fort. Wir leben in ihnen weiter, selbst wenn sie sich oft ganz entgegengesetzt, in Richtungen entwickeln, die wir nicht gewollt haben. Das ist eine historische Evidenz.

Mein Szenario ist ganz vom Determinismus geprägt, weil ich der Meinung war, daß es mir schließlich auch einmal erlaubt sein müßte zu spielen. Meine Legende endet im Grunde schlecht. Der Existentialismus dagegen ist eine optimistische Lehre. Man glaube nicht, daß das Problem des Todes mich interessiert: es ist das Problem des Lebens von der Seite des Todes aus gesehen. Man stirbt immer zu früh oder zu spät: zu früh in Perioden der Unruhen und Kriege, die übrige Zeit zu spät.

Ich hatte diese wichtige Frage schon mit meinem Stück *Bei geschlossenen Türen* berührt. Das Szenario von *Das Spiel ist aus* ist 1943 geschrieben worden. Bis es gedreht wurde, habe ich in dem Stück die Möglichkeiten entfaltet, die mir der Film bot, obwohl dessen Postulat nicht dasselbe ist. Die Figuren dagegen wurden ungewöhnlicher und lebensferner.

Der Film, der für mein Empfinden zu nah beim Theater liegt, bietet einen viel weiteren Horizont als dieses. Man kann in ihm alle kollektiven Probleme behandeln. Man kann bequem wirkliche Mengen in Szene setzen. Und vor allem hat er den Vorzug der Simultaneität der Bilder und eines gedankenschnellen Ortswechsels.

Da das Stück *Bei geschlossenen Türen* aus dem Film entstand, kehrt es von selbst wieder dahin zurück. Bei dem Szenario, das ich danach geschrieben habe, bestand die Hauptschwierigkeit darin, das Feld zu erweitern.
Aber seien Sie ganz ruhig, mit dem Jenseits habe ich abgeschlossen. Mein nächster Film — sofern es nicht *Bei geschlossenen Türen* ist — wird sich auf festem Boden abspielen und, vielleicht, existentialistisch sein.

(Interview Jean-Paul Sartres mit
Paul Carrière, ,,Le Figaro" vom 29. 4. 1947)

Eine Bühnenfassung des Filmszenarios ,,Das Spiel ist aus" als Schauspiel in 25 Bildern wurde von Theo von Alst und Günther Fleckenstein verfaßt und am 30. Oktober 1958 in Münster in Westfalen aufgeführt.

IM RÄDERWERK

DER ABLAUF DES GESCHEHENS

(Gang der Handlung)

Sartres Filmszenario ,,Im Räderwerk" (,,L'engrenage", 1948), ein dramatisiertes Drehbuch, von Oskar Wälterlin für die Bühne bearbeitet, macht die Szene zum Tribunal für einen politischen Prozeß gegen einen verhafteten Diktator, der in das Getriebe des totalitären Systems einer ausländischen Großmacht geraten ist. Mit den Mitteln der Rückblende rollt Sartre das Geschehen vom Ausgangspunkt her auf.
Sartres Thema ist der Widerstand gegen die Diktatur, ein Thema, das sich in dem Filmszenario wie folgt darstellt:

Jean Aguerra, ein Mann von vierzig Jahren, groß, breit, in steifer Haltung, da einer seiner Arme halb gelähmt ist, im Offiziersrang und meist in großer Uniform auftretend, hat sich zum Diktator aufgeschwungen und steht mit seinen Maßnahmen gegen sein eigenes Volk, gegen die Wünsche der Arbeiterschaft, deren revolutionäre Ideen er verraten hat. Er erdrosselt ihr Aufbegehren, ihr Verlangen nach Freiheit und Selbstverwaltung, läßt Leute verhaften und unterdrückt sie mit Gewalt.
Jean Aguerras Kontrahent ist der Intellektuelle Lucien, der im Gegensatz zu Jean Aguerra keine Gewalt anwenden will. Lucien will „seine Hände rein halten" und die Menschen durch Vernunft zur Einsicht bringen. Ein besonderer Vorfall bringt Lucien und Jean Aguerra eines Tages zusammen.

Einige Tage später

In der gleichen Straße, vor dem gleichen Plakat: Jean und drei kräftige Arbeiter, die das Plakat betrachten. Sie wenden sich plötzlich um, als sie schreien hören: „Tod den Juden!"
Einige Meter von ihnen eine Drogerie: „Elias Cohen." Männer und Frauen toben brüllend vor dem Laden: „Krämer! Schmutziger Jude! Krämer!" Unter der Menge sind offenkundig einige Provokateure. Drei von ihnen treten in den Laden und holen brutal den jüdischen Drogisten heraus. Der ist bleich vor Angst. Die Menge will ihn zusammenhauen.
Jean und seine drei Kameraden sind näher getreten. Plötzlich springt ein junger Mann zwischen den Juden und die Menge. Es ist Lucien. Er ist viel besser gekleidet als alle anderen Akteure dieser Szene. Er schreit, die Hände in den Taschen:
„Ihr werdet diesen Menschen nicht anrühren!"

Einer der Männer, die in den Laden getreten waren grinst:
,,Willst du uns vielleicht daran hindern?''
,,Ich werde euch daran hindern'', sagt Lucien. ,,Nicht mit Gewalt, aber ihr werdet mich anhören. Kameraden, laßt euch nicht täuschen, dieser Mann wird ausgebeutet wie ihr. Man versucht, euren Zorn abzulenken.''
Zwei der Provokateure, die den Juden hielten, lassen ihn los und machen sich über Lucien her:
,,Hast du ausgequatscht?'' sagt einer von ihnen.
,,Nein, ich bin noch nicht fertig. Hört zu, Kameraden . . .''
Der Mann knallt Lucien einen Faustschlag in den Magen, daß er sich krümmt. Lucien hat nicht die leiseste Abwehrgebärde angedeutet. Er richtet sich wieder auf und redet weiter:
,,Kameraden, es ist nicht wahr, daß es Juden und Arier gibt; es gibt Arme und Ausbeuter!''
Der Mann schlägt noch einmal zu, diesmal ins Gesicht:
,,Ich werde mich nicht verteidigen!'' sagt Lucien.
Jean und seine drei Kameraden verständigen sich blitzschnell mit Blicken und greifen an. Im Nu liegen die drei Provokateure auf dem Boden. Einige Männer, die den Juden hielten, versuchen ihnen Hilfe zu bringen. Getümmel, das plötzlich von einem Feuerstoß unterbrochen wird. Der Jude fällt. Bestürzung unter den Kämpfenden; sie halten inne und suchen ihr Heil in der Flucht. Jean und Lucien haben sich neben den Alten gekniet und heben ihn hoch.
,,Er hat seinen Lohn'', sagt Jean.
,,Sie hätten diese Männer nicht schlagen sollen'', sagt Lucien.
,,Sag lieber, wenn man sich nicht geprügelt hätte, hättest du eine schlechte Viertelstunde verbracht.''
Er hat ziemlich trocken gesprochen, aber man spürt, daß Lucien ihn interessiert.
,,Mir hätte das nichts gemacht'', sagt Lucien. ,,Aber Ihnen . . .''
,,Weshalb?''

,,Weil Sie sich geschlagen haben, als man schoß. Die Gewalt ruft die Gewalt herauf."
Jean betrachtet Lucien mit ungerührtem Blick:
,,Tragen wir ihn in seine Wohnung?"
Zwei Männer tragen den Toten in seinen Laden. Jeans Stimme sagt: *,,Von diesem Tage an wurde er mein Freund."*

Ein Kanal

Jean und Lucien spazieren auf dem Leinpfad. Man hört Jeans Stimme: *,,Mein Freund, mein Bruder. Aber kein Gleichgesinnter."*
Lucien bleibt stehen. Er fährt in einer schon lange ‚fließenden' Unterhaltung sehr lebhaft fort:
,,. . . ihnen das einzubläuen. Allen. Die erste Bedingung ein Mensch zu sein ist: jede direkte oder indirekte Teilnahme an einem Akt der Gewalt abzulehnen."
Jean hört ihm zu, geteilt zwischen der freundschaftlichen Bewunderung für Luciens Reinheit und der Ironie über seine Unerfahrenheit.
,,Und welche Mittel willst du anwenden?" fragt er.
,,Alle: Die Bücher! Die Zeitungen! Das Theater!"
,,Du bist trotzdem ein Bourgeois, Lucien. Dein Vater hat niemals deine Mutter geschlagen. Er ist nie von Polizisten verprügelt worden, nie aus der Fabrik ohne Erklärung oder Vorankündigung entlassen worden, einfach weil sie ihr Personal veränderte. Du hast nie die Gewalt erfahren. Du kannst das nicht empfinden wie wir."
,,Wenn du sie erfahren hast", sagt Lucien, ,,ein Grund mehr, sie zu verachten."
,,Ja. Aber sie ist auf dem Grunde meines Wesens."

Nach der Inhaftierung zahlreicher Arbeiter und Bauern durch Jean Aguerra greift Lucien zur Feder. Er druckt Untergrundausgaben seiner Zeitung ,,La Lumière" und fordert die Aufhebung der von Aguerra eingerichteten Konzentrationslager. Schließlich wird er von Aguerra selbst verhaftet und deportiert.

Jeans Büro

Jean ist an seinem Schreibtisch. Vor ihm der Justizminister, der ein Exemplar der Untergrundausgabe von *La Lumière* schwingt und schreit:
,,Haben Sie das gelesen? Er muß hängen!"
Jean schlägt auf den Tisch und blitzt den Minister an. Dieser geht zum Fenster und macht Jean ein Zeichen, ihm zu folgen. Beide blicken aus dem Fenster. An einer Straßenecke verteilt ein Bursche den Aufsatz an die Passanten.
,,So ist es in der ganzen Stadt", sagt der Minister. ,,Die Petroleumarbeiter warten nur auf ein Zeichen zum Aufstand. Man muß die Ordnung wiederherstellen und ihnen Furcht einjagen."
Jean ist immer noch am Fenster. Er klopft Takte auf dem Rahmen. Dann hört er auf und sagt:
,,Laß ihn verhaften!"

Einige Tage später besucht Jean Aguerra Lucien im Lager der Deportierten, wobei sich folgendes Gespräch entwickelt:

Lager der Deportierten

Jeans weißer Wagen hält im Zentralhof des Lagers. Jean steigt aus. Er wird begrüßt von einem Offizier, der ihn zur Krankenstation des Lagers führt. Lucien ist allein in einer Ecke, auf einem Bett, abgemagert, mit leuchtenden Augen. Jean wendet sich zu dem Offizier:
,,Lassen Sie uns allein!"

Der Offizier verschwindet. Jean zieht einen Schemel heran und setzt sich ans Kopfende von Luciens Bett. Dieser lächelt matt.
,,Mein kleiner Bruder!" sagt Jean mit gepreßter Stimme.
,,Ich dachte wohl, daß du kommen würdest!" sagt Lucien.
,,Hast du Schmerzen?"
,,Nein. Aber mit mir geht es bald zu Ende."
Jean nimmt Luciens Hand in die seine:
,,Du haßt mich?"
,,Nein, ich bedaure dich. Ich werde bis zum Ende die Hände sauber gehalten haben. Ich beklage nichts."
Er zieht seine Hand aus Jeans Hand zurück und blickt ihn ernst an:
,,Deine Hände sind voll Blut."
,,Ich weiß", sagt Jean. ,,Glaubst du, ich wäre nicht lieber rein geblieben, auch ich? Aber wenn ich wie du gewesen wäre, säße der Regent heute noch auf seinem Platz. Die Reinheit ist ein Luxus. Du hast ihn dir erlauben können, weil ich in deiner Nähe war und mir die Hände beschmutzte.
Die Tür zur Krankenstation öffnet sich. Jean fährt auf und sieht zwei Deportierte eintreten, die volle Schüsseln tragen.
Ein Wachsoldat ist hinter ihnen hereingekommen und schreit:
,,Draußen bleiben!"
Die beiden Deportierten gehen hinaus, resigniert, stumpf.
,,Wer ist das?" fragt Jean.
,,Kameraden", sagt Lucien. ,,Sie müssen draußen essen, weil du mich besuchst."
Jean senkt den Kopf.
,,Es ist nicht um meinetwegen, daß ich dir böse bin", sagt Lucien, ,,es ist um ihretwillen."
Jean blickt zornig auf.
,,Ich sage dir, daß ich nichts bereue! Ich mußte die Revolution retten. Wenn ich die Petroleumquellen nationalisiert hätte, wäre das der Krieg gewesen."

,,Warum hast du das nicht gesagt?'' fragt Lucien bestürzt.
,,Ich konnte nicht.''
,,Mußtest du soviele Menschen deportieren, um die Revolution zu retten?''
,,Wenn das Ausland den Regenten wieder eingesetzt hätte'', sagt Jean, ,,glaubst du, er hätte nicht hundertmal soviel deportiert? Ich mußte wählen.''
Jean steht auf und geht an Luciens Bett auf und ab.
,,Lucien, ich habe das ganze Land gegen mich. In einem Jahr, in zwei Jahren werde ich gestürzt und füsiliert werden.''
,,Und?''
,,Ich habe fünf Jahre durchgehalten. Meine Nachfolger können eine andere Politik als die meine machen. Vor allem: die Revolution ist gerettet. In einigen Jahren werden die Deportierten zurückkehren, die Petroleumfelder werden nationalisiert und die Menschen werden glücklich sein. Dank meiner. Dank des Tyrannen, den sie weiter verfluchen werden. Und du, was hast du getan? Was nützt es. von der Gerechtigkeit zu sprechen, wenn man nicht versucht, sie zu verwirklichen?''
Lucien blickt Jean mit gewisser Verzweiflung an:
,,Warum sagt du mir das? Willst du, daß ich verzweifelt sterbe?''
,,Nein. Nein, Lucien.''
Jean setzt sich wieder auf den Schemel, neben Lucien, das Haupt zwischen die Hände gepreßt.
,,Glaubst du, ich sei nicht selber verzweifelt? Ich habe alles auf mich genommen. Alle Toten und selbst deinen Tod. Und ich jage mir Entsetzen ein.''
Lucien hebt eine Hand und nimmt Jeans Hand in die seine.
,,Jean, ich glaube, daß ich dich verstehe.''
Jean blickt wieder auf. Lucien fragt ihn mit einer Art Unruhe:
,,War es schlecht, daß ich rein bleiben wollte?''
,,Ich . . . ich denke nicht. Ich denke, es muß Menschen geben wie

dich und Menschen wie mich. Lucien, wir haben getan, was wir konnten, wir waren beide bis zum Äußersten konsequent. Hör zu! Eines Tages werden sie in den Palast eindringen und mich zum Tode verurteilen. Ich wünsche es fast. Aber es gibt nur eins, das zählt: ich möchte wissen, ob du, du mich freisprichst?"
Lucien drückt Jeans Hand kräftig:
,,Du hast getan, was du konntest."

Jean Aguerras Ahnung: ,,Eines Tages werden sie in den Palast eindringen und mich zum Tode verurteilen" bestätigt sich. Unter der Führung des Arbeiterführers François dringen die Aufständischen in Jeans Arbeitszimmer im Palast der Regierung ein und nehmen Jean Aguerra gefangen.

Das Vorzimmer

Die Würdenträger stehen an den Fenstern. Völliges Schweigen. Plötzlich ein lautes, verworrenes Geschrei unter den Fenstern. Dann wieder die Stille.
,,Sie sind eingedrungen", sagt Reybaz.
Die Tür zum Arbeitszimmer öffnet sich. Der Kammerdiener erscheint und verneigt sich.
,,Seine Exzellenz bittet Sie, einzutreten."

Jeans Arbeitszimmer

Ein riesiger Raum. Ein großer massiver Schreibtisch, bedeckt mit Büchern und Akten. An einer Ecke des Tisches ein Tablett: Whisky, Siphon, Gläser. An den Wänden Regale mit Büchern und Akten. Ein Diwan und Fauteuils. Jean sitzt hinter seinem Schreib-

tisch, in großer Uniform. Die Würdenträger betreten das Büro mit etwas zögerndem Schritt. Sie nähern sich Jean, der sich erhebt und sie mit gerunzelten Brauen anblickt:
,,Gut die Hälfte von euch sind Verräter. Ich werde versuchen, es zu erraten. In einer Viertelstunde werde ich wissen, ob ich mich täusche.''
Die Würdenträger haben sich im Halbkreis aufgestellt. Jean betrachtet sie mit scharfen Blicken, während er langsam an ihnen vorübergeht, so als ließe er sie Revue passieren.
,,Du — bist sicher . . . Du — weniger sicher, aber es ist möglich . . . Du — mit deinem Maulwerk . . .''
Jean geht an Reybaz vorbei:
,,Du — natürlich nicht.''
Neben Reybaz ist Darieu. Jean lächelt ihn freundlich an und legt ihm die Hand auf die Schulter. Darieu antwortet mit einem krampfhaften Lächeln.
,,Du — nicht mehr, ganz sicher'', sagt Jean. ,,Ich liebte dich sehr, Darieu.''
Man hört Schritte und Schreie hinter der Tür. Jean nimmt seinen Gang wieder auf und placiert sich hinter dem Schreibtisch. Die Tür öffnet sich schlagartig, und eine Gruppe von Aufständischen in Waffen erscheint in der Türöffnung. Reybaz zieht seine Pistole und schießt: einer der Aufständischen fällt. Ein zweiter Feuerstoß, Reybaz fällt. Jean tritt schnell zwischen die Würdenträger und die Aufständischen.
,,Niemand schießt mehr! Kommt herein!''
An der Tür entsteht ein Gedränge. Leute von der Straße dringen in das Arbeitszimmer ein. Männer und Frauen, mit Waffen, die Hemden zerfetzt, die Gesichter schmutzig und die Arme nackt. Jean betrachtet die Menge, die verstummt und einen Augenblick zu zögern scheint. Einer der Würdenträger, die hinter Jean zusammengerückt sind, geht langsam zu der Menge hinüber. Die andern fol-

gen ihm nach und nach. Sie vermeiden Jeans Blick, der sie lächelnd beobachtet und sagt:
,,Alle? Das ist noch besser, als ich erwartet habe."
Darieu geht als letzter zu der Menge über.
,,Auch du, Darieu?" sagt Jean.
Darieu antwortet nicht, Jean fügt hinzu:
,,Ich habe geglaubt, du liebtest mich."
,,Ja, ich liebte dich", sagt Darieu hart. ,,Aber nun?"
Jean zuckt die Achseln, er sagt nichts. Jetzt steht er allein der Menge gegenüber. Einen Augenblick lang: Zögern und Peinlichkeit. Jean flößt noch einen Rest von Furcht ein. Dann, ganz plötzlich, stürzt ein Aufständischer vor und ohrfeigt Jean mit voller Kraft. Jean knallt ihm zur Antwort die Faust mitten ins Gesicht. Der Arbeiter taumelt und schlägt seine Pistole auf Jean an. Einige andere Aufständische werfen Jean aufs Gesicht. In diesem Moment hört man brüllen: ,,Aufhören!" François und Suzanne kommen in das Büro herein. François bahnt sich einen Weg durch die Menge und tritt auf Jean zu, er schreit: ,,Aufhören! Dieser Mann ist unser Gefangener. Niemand rührt ihn an!"
Jean hat sich zu François umgedreht. Die beiden Männer starren sich an. Neben François steht Suzanne, die Jean mit haßerfülltem Blick ansieht. Jean scheint sie nicht einmal wahrzunehmen.
,,Da bist du also, François", sagt er. ,,Ich wußte, daß ich dich hier wiedertreffen würde. Dein Schlag war erfolgreich."
François betrachtet Jean mit Neugier und Härte. Er sagt: ,,Es ist noch nicht alles gewonnen. Aber dich, dich wird man festhalten."
,,Einen Menschen umzubringen, ist nicht so schwierig", sagt Jean beinahe freundschaftlich. ,,Es ist bloß der Rest. Du wirst es noch merken. Als ich dich zum letztenmal sah, vor fünf Jahren, hattest du dich noch nicht gegen mich gestellt."
Suzanne tritt ganz nah an ihn heran. Sie sagt zu ihm mit einer Stimme voll Zorn und Drohung:

,,Und ich. Jean? Erinnerst du dich an das letzte Mal, da du mich sahst?''
Jean ignoriert sie vollkommen. Er hält seine Augen auf François gerichtet und fährt fort:
,,Ich wußte, wo du dich versteckt hieltest. Ich hätte dich einsperren können.''
,,Warum hast du es nicht getan?'' fragt François.
,,Zuviel Blut...''
,,Wir werden nicht so hochherzig sein'', sagt Suzanne. ,,Dein Blut macht uns keine Angst. Wir werden dich zahlen lassen.''
Jean ignoriert sie weiter. Suzanne fährt fort, wild:
,,Du hörst mich? Du wagst es nicht, mich anzuschauen? Ich mach dir Angst?''

Jean dreht sich zu dem Kammerdiener um und sagt:
,,Whisky!'' Der Kammerdiener rührt sich nicht; ein leises Lächeln der Verachtung auf seinen Lippen. Jean geht zum Schreibtisch, schüttet sich ein Glas ein und trinkt.
Suzanne ist ihm gefolgt, außer sich durch sein Schweigen und seine Verachtung.
,,Wirst du endlich antworten? Du willst nicht? Du willst nicht? Du wirst schon sehen, daß ich existiere. Da!''

Sie spuckt Jean ins Gesicht. Es beirrt ihn nicht, er wischt es nicht einmal ab. Er trinkt und, das Glas in der Hand, fragt er François:
,,Ich nehme an, daß ihr mich hinrichten werdet?''
,,Du wirst überaus zufrieden sein. Man wird dir den Prozeß machen.''
,,Wer wird mir den Prozeß machen?''
François macht eine Handbewegung:
,,Wir alle.''
,,Nach welchem Gesetz?''
,,Nach unserm.''

,,Ich werde mich nicht verteidigen. Ihr werdet mich hinrichten'', sagt Jean.
Dann, nach einem Augenblick, fragt er:
,,Wieviel Tote hattet ihr?''
,,Viele'', sagt François.
,,Zweihundert?''
,,Mehr.''
,,Das ist zuviel, bloß um meine Haut zu kriegen.''
,,Du wirst auch für sie zahlen'', schreit Suzanne.
,,Es ist nicht zuviel, deine schmutzige Tyrannei zu zerbrechen'', sagt François.
Jean hebt lässig die Schultern, mit einer gleichgültigen Miene.
,,Ihr werdet tyrannischer sein als ich. Du bist zu abstrakt, François, du wirst fürchterlich sein.''

Jean Aguerra wird vor ein Tribunal gestellt. Er wird des Verrats an der Arbeiterklasse und an den Ideen der Revolution angeklagt. Man wirft ihm vor, die Belange des Volkes nicht berücksichtigt zu haben, die Führer der Partei durch eigene, ihm genehme Leute ersetzt, die freie Meinungsäußerung in Rede und Schrift untersagt, die Pressezensur eingeführt, politische Gegner verhaftet und deportiert zu haben und sich dem Machtanspruch einer ausländischen Großmacht unterworfen und ihr wirtschaftliche Vorteile (Übereignung der Petroleumfelder) eingeräumt zu haben.

Das Tribunal

,,Wessen klagt ihr ihn an?''
,,Das weißt du nicht?'' schreit François.
Dann wendet er sich zum Publikum:
,,Sagt ihr es ihm!''
Das Publikum fängt an zu schreien und zu heulen. Man spürt, das

Autitorium ist sich keine Sekunde unschlüssig über die Anklagen, die es gegen Jean Aguerra vorzubringen hat. Aus dem Tumult hört man drei Worte heraus. Zunächst, überwiegend: ,,Petroleum! Petroleum!''
Dann:
,,Mörder!''
Das dritte Wort:
,,Diktator!''
Im Saal erhebt sich ein Mann, klettert auf seinen Stuhl und brüllt:
,,Er hat die Revolution zu seinem Profit ausgenützt. Er hat die Führer der Partei durch seine Leute ersetzt.''
Ein anderer Mann steht auf:
,,Er hat die Presse geknebelt. Er hat Lucien Drelitsch ermordet.''
Ein Bauer, der in der zweiten Reihe sitzt, steht auf, schwingt seine verbrannten und verkrüppelten Fäuste:
,,Er hat mein Dorf verbrannt.''
Eine Bäuerin schreit:
,,Er hat meinen Mann deportiert.''
Einen Augenblick lang ist ein ungeheurer Aufruhr im Saal. François versucht mit großen Handbewegungen die Leute zu beruhigen. Aber ohne Erfolg. Schließlich erhebt sich ein Arbeiter aus der ersten Bankreihe, wendet sich mit ausgestreckten Armen zum Saal und donnert laut, daß die andern verstummen:
,,Das ist alles Unsinn! Seine große Schweinerei war, die Petroleumfelder an das Ausland zu verkaufen.''
(— — —)
Der Arbeiter wendet sich zum Publikum und fragt:
,,Freunde, was ist unser größter Reichtum!''
Einstimmig antwortet der Saal:
,,Das Petroleum!''
,,In welchem Industriezweig werden die Arbeiter am schamlosesten ausgebeutet?''

,,Petroleum!"
,,Wer hat die erste Revolution gemacht? Wer hat dafür gekämpft, diesen Tyrannen an die Macht zu bringen? Wem hat er das alles zu verdanken?"
,,Den Petroleumarbeitern! Den Petroleumarbeitern!"
Der Arbeiter wendet sich zu Jean:
,,Du hörst es! Und heute sind die Petroleumarbeiter da, dir die Rechnung vorzulegen. Warum hast du die Petroleumindustrie nicht nationalisiert, wie du solltest? Warum hast du den fremden Herrn geholfen, die Streiks zu brechen?"
Der Arbeiter wendet sich von neuem zur Menge, die Schreie des Unwillens und Hohngelächter ausstößt, und schließt: ,,Er hat den Tod verdient! Und sein Verteidiger auch!" François geht auf die Menge zu. Die Hände erhoben, schreit er: ,,Ruhe!" Dann, zu dem Arbeiter: ,,Geh auf deinen Platz zurück!"
Der Arbeiter setzt sich wieder. François sagt zu dem Verteidiger:
,,Du hast verstanden? Drei Hauptanklagen. Erstens: Angriffe auf die wesentlichen Freiheiten.
Mord an Lucien Drelitsch, dem Herausgeber der Zeitung *La Lumière*. Zweitens: voreilige Industrialisierung der Landwirtschaft und Massendeportation der aufständischen Bauern. Drittens: Übereinstimmung mit den Interessen des Auslands in der Petroleumfrage. Einschnürung der Arbeiter in eine unerträgliche Situation."
,,Wo sind die Zeugen?" fragt der Verteidiger.
,,Jeder hier ist Zeuge. Ich brauche sie nur aus diesem Saal zu wählen."

Nach der Beratung der Geschworenen wird die Sitzung wieder aufgenommen und das Urteil verkündet: es lautet auf Tod, weil Jean Aguerra die Interessen der Arbeiterschaft nicht wahrgenommen, die Petroleumfelder nicht nationalisiert, sondern unter der Oberhoheit der ausländischen Diktatur belassen hat.

Jean will sprechen, aber die Geschworenen kehren auf ihre Plätze zurück, und die Menge strömt wieder lärmend in den Saal. Jean und Hélène sind getrennt und setzen sich wieder hin, jeder auf seinen Platz, ohne einander aus den Augen zu lassen.
Die Menge schweigt, als auf ein Zeichen von François der Präsident der Jury sich erhebt und verkündet:
,,Die Geschworenen erklären den Angeklagten für schuldig in allen Punkten der Anklage."
Der Präsident setzt sich wieder. François sagt nur:
,,Den Tod!"
Einige Beifallsäußerungen im Publikum, einige schnell erstickte Schreie. Im ganzen bleibt das Publikum schweigsam. Jean hat sich erhoben. Zwei Wachen stellen sich rechts und links neben ihn und führen ihn zum Ausgang: Hélène ist aufgesprungen und will sich auf Jean werfen. François hält sie zurück. Als Jean an ihr vorbeikommt, lächelt er sie an:
Hélène sagt ihm:
,,Ich liebe dich, Jean!"
,,Danke!" sagt Jean.
Und er geht zwischen den Wachen hinaus.

Nun übernimmt der Arbeiterführer François die Regierung. Er will ein gerechtes, das Wohlergehen der Arbeiter und des eigenen Staates berücksichtigendes Wirtschaftssystem aufbauen: die Petroleumfelder sollen denen von Nutzen sein, die in ihnen arbeiten, die sie bewirtschaften und nicht den Konsumansprüchen der fremden totalitären Macht. Aber schon bald muß auch François erkennen, daß er es mit einem unerbittlichen, nur auf seinen eigenen Vorteil bedachten Staatsapparat zu tun hat. Die Unterredung mit dem Präsidenten des Petroleumkartells der fremden Macht und derem Gesandten läßt François die bevorstehenden Schwierigkeiten in der Durchführung seiner nationalen Interessen ahnen.

Schoelcher, der Präsident des ausländischen Petroleumkartells, das die Ausnutzung der Petroleumfelder zu seinen Gunsten betreibt, ist begleitet von einem Mann Anfang der fünfziger Jahre, trocken, hager, sehr distinguiert, mit einem auf höfliche Weise unverschämten Blick. Schoelcher verneigt sich vor François.
,,Ich bin Schoelcher, Präsident des Petroleumkartells.''
,,Sie haben Mut, auf die Straße zu gehen'', sagt François. ,,Es gibt viele Leute, die Sie zusammenschießen möchten.''
,,Ich weiß mich zu verteidigen'', sagt Schoelcher lächelnd.
Dann stellt er seinen Begleiter vor:
,,Das ist Monsieur Cotte, der Gesandte unseres Landes.''
Die drei Männer tauschen eisig die Höflichkeiten aus. Der Gesandte tut einen Schritt auf François zu:
,,Ich habe die Ehre mit dem Chef der neuen Regierung?''
,,Ja.''
,,Ich wollte nicht die offizielle Bekanntgabe abwarten, um mit Ihnen zu sprechen'', sagt Cotte. Die Regierung meines Landes hat sich immer besorgt gezeigt, in gutem Einvernehmen mit der ihren zu leben, und ich möchte ihr so schnell als möglich Ihre Antwort auf folgende Frage übermitteln: Ist es wahr, daß einer der Anklagepunkte gegen Jean Aguerra die Tatsache ist, daß er die Petroleumindustrie nicht nationalisiert hat?''
,,Das ist wahr.''
,,Haben wir in dieser Anklage einen Hinweis auf die künftige Politik Ihrer Regierung hinsichtlich der Petroleumfelder zu erblicken?''

François antwortet irritiert:
,,Der Prozeß gegen Aguerra ist eine absolut interne Angelegenheit. Was die Politik anlangt, die die Regierung einschlagen will, werden Sie, ebenso wie meine Landsleute, durch die Erklärung unterrichtet werden, die ich heute um Mitternacht abgeben werde.''
Der Gesandte verneigt sich.

,,Ich verstehe. Wann, denken Sie, wird die Telephonverbindung mit dem Ausland wiederhergestellt sein?''
,,Heute nachmittag, hoffe ich'', sagt François.
,,In diesem Fall werde ich die Order meiner Regierung einholen, und es kann sein, daß ich ... Eure Exzellenz um eine Unterredung *vor* Ihrer Ansprache bitten muß.''
Der Gesandte verweilt mit einiger Ironie bei den Worten ,,Eure Exzellenz''. Als er gesprochen hat, verneigt er sich höflich vor François. Schoelcher tut das gleiche. François begleitet sie zur Tür. Er ruft einen Wachthabenden, der sich im Vorzimmer aufhält: Drei Wagen und fünfzehn Bewaffnete, die Seine Exzellenz zur Gesandtschaft begleiten.''
Der Gesandte und Schoelcher danken mit einer Geste. François antwortet nicht und sieht sie abfahren mit einem Gesicht, in dem eine vage Unruhe flackert.

Auch François ist der ,,Situation'' seines Landes verpflichtet. Auch er steht in der Unentrinnbarkeit dieser Situation, auch er befindet sich ,,im Räderwerk''. Sartre gebraucht dieses Bild für die höllische menschenverachtende Maschinerie der ausländischen Großmacht, die das kleine Nachbarland bedroht.
Da es offenbar wird, daß François eigene Wege gehen will, seinen eigenen Sozialismus zugunsten seines eigenen Landes aufbauen will, sucht der Gesandte der fremden Macht ihn eines Tages wieder auf und überbringt ihm die Kriegsdrohung seiner Regierung für den Fall einer Nationalisierung der Ölindustrie. Die Invasion der fremden Truppen, die die Arbeiterschaft willfähig machen werden, steht bevor. Auch François und seine neue Regierung können dem ,,Räderwerk'' der drohenden Übermacht nicht entrinnen. Die Zeit für die Durchsetzung der Interessen der Aufständischen ist noch nicht gekommen. François muß die Delegation der Petroleumarbeiter vertrösten — auf später.

Jeans Arbeitszimmer

Der Gesandte ist bei François. Er spricht höflich, aber er verschleiert kaum die anhaltende Drohung in seinem Reden. François hört ihn mit wütendem Blick an.

,,Unsere Regierung will nicht mehr als freundschaftliche Beziehungen zu der Ihren'', sagt der Gesandte. ,,Jedenfalls bin ich beauftragt, Ihnen mitzuteilen, daß wir die Nationalisierung der Petroleumfelder und die Enteignung unserer Staatsangehörigen als einen *casus belli* betrachten werden.''

,,Ihre Regierung hat sich nicht in unsere inneren Angelegenheiten einzumischen'', sagt François.

,,Wie Sie wollen, Exzellenz. Ich erinnere Sie daran, daß Ihr Land klein und das unsere sehr groß ist.''

Schweigen. Der Gesandte insitiert höflich: ,,Meine Regierung erwartet eine präzise Antwort.''

,,Wir werden die Petroleumquellen nicht anrühren'', sagt François.

Der Gesandte verneigt sich mit einem ironischen Lächeln.

,,Wir erwarten nichts anderes von Ihrer Klugheit, Exzellenz.''

Dann zieht er sich zurück. Von der Tür her wendet sich der Kammerdiener an François:

,,Die Delegation der Petroleumarbeiter erwartet Sie, Exzellenz.''

,,Warte!'' sagt François. ,,Gib mir ein Glas Whisky!''

Der Diener serviert es stumm. François trinkt und stellt das Glas hin. Dann macht er, mit finsterer Miene, dem Kammerdiener ein Zeichen:

,,Laß sie herein!''

DIE DRAMATURGIE DES FILMSZENARIOS „IM RÄDERWERK"

(Helmuth de Haas, Nachwort zur ersten deutschen Buchausgabe von Sartres „Im Räderwerk", Hamburg 1954)

„Im Räderwerk" ist ein Filmszenario und will als solches gelesen sein. Der Autor entwirft Szene um Szene. Er umreißt seine Figuren, ihr Thema und die Motive ihres Handelns, durch knappen Dialog, durch gestaffelte Aussage vor dem Tribunal. Filmische Rückblendungen in den Ablauf der Ereignisse überhöhen und erweitern die Szenerie.

Das Räderwerk ist Symbol für die Absurdität der Existenz überhaupt. Ein scharfes, ein existenzialistisches Symbol. Sartre ist sozialkritisch und zeitdiagnostisch engagiert. Aber er ist Dramatiker genug, das Ganze *seiner* Wahrheit auf vier, fünf Gestalten und deren Konfiguration zu verteilen. Die Dramaturgie dieses Films ist meisterhaft: rasche Ein- und Rückblende, das Tribunal im Mittelpunkt, unablässige Übersetzung der Absurdität politischen Handelns in Bild, Dialog, szenisches Korrelat. Die harte, knappe, unbefangene Sprache des Entwurfs wird durch die wenigen „lyrischen Partien noch schärfer eingegrenzt.

Szene jagt Rückblendung, und Rückblendung jagt die Szene. Solche Kameraschwenkung und Szenenmischung läßt auf einen „bildhungrigen" Film schließen. Er könnte, wenn dies Szenario wörtlich zugrunde gelegt würde, realsymbolisch werden. Er könnte darüberhinaus szenisches Philosophieren sein: über Macht und Gewalt, über Aufstieg, Schuld und Verfehlung des Menschen, der vor „dem Tribunal" nach seinen Taten gefragt wird.

Jede Figur hat ihr Thema. Jede liefert einen Teilaspekt, ein Stück Wahrheit oder Wahrheit, in eine Lüge gekleidet. Aus der Abfolge des „Films" wird einleuchtend, daß Aguerras Politik der Situation seines Landes verpflichtet war, daß er in der Unentrinnbarkeit dieser Situation stand. Sartre sieht diese „Lage" im Bild des *Räderwerks*. Es ist ein Bild für die höllische Maschinerie der politischen Macht. Der Gesandte des Auslands wird auch Aguerras Nachfolger aufsuchen und ihm die Kriegsdrohung seiner Regierung für den Fall einer Nationalisierung der Ölgebiete überbringen. Das ist das Räderwerk, dem auch François noch nicht entrinnen kann. Die Zeit ist nicht reif. Die Revolution kann noch nicht erfüllt werden.

DER MENSCH IN DER UNENTRINNBARKEIT DER POLITISCHEN SITUATION

Margret Dietrich nimmt in ihrem Buch „Das moderne Drama" zu Sartres Filmszenario „Im Räderwerk" wie folgt Stellung: „Im Räderwerk des Weltgetriebes stehen hier der durch eine Revolution emporgestiegene Diktator Jean Aguerra mit seinen Maßnahmen, die sich zum Schutze der Untergebenen vor schlimmerem Unheil (der Invasion der fremden Großmacht) gegen die Intentionen seiner früheren Revolution richten müssen, und die neuen Revolutionäre, die ihn dieser oft grausamen Maßnahmen wegen stürzen. Seinem Nachfolger François aber erwächst das gleiche Schicksal. Auch er befindet sich im „Räderwerk" — bis der Augenblick kommt, der den Druck von außen abschütteln läßt und nicht mehr das Opfer der Beschmutzung verlangt." (S. 289)
Solange aber befindet sich der Mensch in der Unentrinnbarkeit der politischen Situation. Er ist ein Opfer des Leviathan „Staat". Alle Versuche, ihm und seiner totalitären Maschinerie entgehen zu wollen, sind unsinnig und von vornherein zum Scheitern verurteilt. Sowohl der Protagonist wie sein Gegenspieler, sowohl Jean wie François, werden von der Staatsmaschinerie überrollt und „eingeebnet."

Die Versklavung des Menschen im totalitären System ist vorprogrammiert. Am Ende steht immer das gleiche Ergebnis: der Wille des Menschen gilt nichts, wird nicht geachtet, sein Freiheitsstreben, seine Absichten, selbst wenn sie dem Nutzen und den Wünschen der Mehrheit und der arbeitenden Bevölkerung dienen, werden unterdrückt und abgetötet. Der Mensch spielt nur eine Rolle als Handlanger, als Funktionär, als Befehlsempfänger der fremden — oder auch eigenen — Diktatur.
Marionette der fremden Großmacht ist der sich ihrem Willen unterwerfende, eine Art Kriegsrecht gegen das eigene Volk anwendende Jean Aguerra, zur Marionette wird auch der die Interessen der Arbeiterschaft, die Rechte des eigenen Volkes wahrnehmenwollende François, der in die gleiche politische Situation gerät, wie sein gestürzter Vorgänger. Die Politik kennt keine ethische Dimension: Recht ist nicht — so lautet Sartres pessimistische Erkenntnis —, was dem Volke nützt; Recht ist das, was der Leviathan Staat und seine menschenverachtenden Funktionäre bestimmen.

DIE AKTUALITÄT DES FILMSZENARIOS „IM RÄDERWERK"

Die Aktualität des Filmszenarios „Im Räderwerk" ist frappierend. Sartre schrieb den Text in den Jahren 1946/1947, kurz nach dem Zweiten Weltkrieg, aber er kann heute, fast vierzig Jahre danach, direkt auf unsere Gegenwart bezogen werden. Die Situation Polens 1982-1984 ist ein eklatantes Beispiel dafür.
Eine Großmacht unterdrückt und vergewaltigt ein kleines Land, eignet sich dessen Wirtschaftspotential — hier die Ölfelder — an, beutet es aus und macht sich seine Funktionäre willfährig. Selbständigkeitsbestrebungen werden zunichte gemacht, im Falle des

Ungehorsams droht die Invasion der fremden Truppen. Der der Großmacht genehme Diktator des Landes wendet sich gegen die eigenen Landsleute, gegen die Wünsche der Arbeiterschaft, die auf eine Nationalisierung der Ölindustrie abzielen; aus seiner Sicht heraus, um sie vor einer totalen Entmachtung durch die fremde Großmacht zu schützen, um sie vor einer Besetzung des Landes durch fremde Truppen zu bewahren. Dabei wendet er drakonische, von der Bevölkerung unverstandene und mißbilligte Maßnahmen an, verhängt über das Land eine Art Kriegsrecht, knebelt die Presse und Meinungsfreiheit, läßt politische Gegner — ,,Aufständische" — verhaften und deportieren.
Sein Sturz und seine Hinrichtung durch die empörte Arbeiterschaft bringt aber kaum eine Besserung. An seiner Stelle übernimmt der Führer der Petroleumarbeiter, François, die Regierung. Er hofft das Blatt wenden zu können, den Arbeitern ihre Rechte und Privilegien zusichern zu können. Aber vergebens. Die fremde Großmacht sieht jede Verselbständigung, jede Art der ,,Nationalisierung" als casus belli an. Die Truppen der fremden Macht stehen Gewehr bei Fuß, jederzeit zum Einmarsch bereit. Auch der Arbeiterführer François befindet sich im ,,Räderwerk", auch er kann der Despotie nicht entkommen. Zunächst wird alles beim alten bleiben, Unterdrückung und Vergewaltigung dauern an.
Ein Stück ohne Hoffnung? Die gegenwärtige ,,Situation" läßt allerdings zunächst keine Hoffnung zu. Aber keine ,,Situation" besteht für alle Zeiten. Das liegt schon im Wesen des Begriffs der ,,Situation". Der Lauf der Geschichte offenbart ein ewiges Auf und Ab. Insbesondere hält sich Gewalt nie auf die Dauer. Auch die Nacht der Unterdrückung und Versklavung wird enden. Dieses Wissen um den Wechsel der Zeiten hat Bertolt Brecht bekundet:

,,Es wechseln die Zeiten. Die riesigen Pläne
Der Mächtigen kommen am Ende zum Halt.
Und geht sie einher auch wie blutige Hähne —
Es wechseln die Zeiten, da hilft kein Gewalt.

Das Große bleibt groß nicht und klein nicht das Kleine.
Die Nacht hat zwölf Stunden, dann kommt schon der Tag."

IV. LITERATURNACHWEIS

LITERATUR ZUR WEITEREN ORIENTIERUNG ÜBER SARTRE UND SEIN WERK

Barnes, Hazel E.: Sartre, Philadelphia 1973

Biemel, Walter: Jean-Paul Sartre, Renbek bei Hamburg 1979

Danto, Arthur C.: Jean-Paul Sartre, München 1977

Dietrich, Margret: Das moderne Drama, Stuttgart 1963

Glaser, Hermann: Kleine Geschichte der modernen Weltliteratur, Frankfurt/M 1960

Grenzmann, Wilhelm: Jean-Paul Sartre. In: Grenzmann, Weltdichtung der Gegenwart, Bonn 1955

Hamburger, Käte: Von Sophokles zu Sartre, Stuttgart 1962

Holz, Hans-Heinz: Jean-Paul Sartre, Meisenheim 1950

Kesting, Marianne: Jean-Paul Sartre. In: Kesting, Panorama des zeitgenössischen Theaters, München 1962

Kohut, Karl: Jean-Paul Sartre. In: Wolf-Dieter Lange (Hrsg.), Französische Literatur der Gegenwart, Stuttgart 1971

Kohut, Karl: Sartres „Die Fliegen“. In: Walter Pabst, Das moderne französische Drama, Berlin 1971

Lennartz, Franz: Sartre. In: Lennartz, Ausländische Dichter unserer Zeit, Stuttgart 1960

Lüthi, Herbert: Jean-Paul Sartre und das Nichts. In: Der Monat 17, 1954/55

Mann, Erika/Ehrhardt, Johannes: Sartre zur Einführung, Hannover 1980

Manser, Anthony: Sartre, London 1966

Masters, Brian: Sartre, London 1974

Mayer, Hans: Anmerkungen zu Sartre, Pfullingen 1972

Mennemeier, Franz Norbert: Das moderne Drama des Auslandes, Düsseldorf 1970

Molnar, Thomas: Sartre, Ideologe unserer Zeit, München-Wien 1970
Müller-Schwefe, Hans-Rudolf: Atheismus, Stuttgart 1962
Neis, Edgar: Jean-Paul Sartre, Die Fliegen. In: Neis, Interpretationen motivgleicher Werke der Weltliteratur, Band I, Hollfeld/Obfr. 1976
Pabst, Walter: Das moderne französische Drama, Berlin 1971
Reclams Schauspielführer, Stuttgart 1960
Richter, Liselotte; Jean-Paul Sartre, Berlin 1961
Sabin, Volker: Sartres ,,Die schmutzigen Hände'', Frankfurt/M. 1976
Scheller, Wolf: Sartre – Poet, Philosoph, Revolutionär. Badische Zeitung, Freiburg 21.6.1975
Schoell, Konrad: Das französische Drama seit dem 2. Weltkrieg, Göttingen 1970
Streller, Justus: Zur Freiheit verurteilt, Hamburg 1952
Theisen, Josef: Geschichte der französischen Literatur im 20. Jahrhundert, Stuttgart 1976
Vietta, Egon: Theologie ohne Gott. Versuch über Sartre. Zürich 1946
Vietta, Egon: Jean-Paul Sartres ,,Fliegen'' und das existentielle Philosophieren. Hamburger akademische Rundschau 2, 1947/48
Wilhelm, Julius: Französische Gegenwartsliteratur, Stuttgart 1974
Zehm, Günter Anbrecht: Jean-Paul Sartre. (Dramatiker des Welttheaters 8) München 1976
Zeltner, Gerda: Bemerkungen zu Sartres ,,Les jeux sont faits''. Neue Schweizer Rundschau NF. 17, 1949/50

Preiswerte Einzelausgaben der Werke Jean-Paul Sartres:

„**Der Aufschub**", rororo 0503
„**Beaudelaire.** Ein Essey", rororo 4225
„**Betrachtungen zur Judenfragen**", Europa Verlag, ISBN 3-85665-203-5
„**Bewußtsein und Selbsterkenntnis**", rororo 1649
„**La chambre**", Schöningh, ISBN 3-506-46035-8
„**Dramen**", Teil 1: Die Fliegen/Die Schmutzigen Hände, rororo 0418
„**Dramen**", Teil 2: Bei geschlossenen Türen. Tote ohne Begräbnis/Die ehrbare Dirne, rororo 0788
„**Drei Essays**", Ullstein Bücher Nr. 35001
„**Die ehrbare Dirne**", Reclams UB 9325
„**Der Ekel**", rororo 0581
„**Freundschaft und Ereignis**", Insel Verlag, Frankfurt, ISBN 3-458-09386-X
„**Gesammelte Dramen**", Rowohlt Verlag, ISBN 3-498-09386-X
„**Gesammelte Erzählungen**", Rowohlt Verlag, ISBN 3-498-09387-8
„**Der Idiot der Familie**", Rowohlt Verlag, Band 1-5, dnb 78, 89, 90, 114, 132
„**Der intellektuelle als Revolutionär**", Streitgespräche, rororo 1994
„**Im Räderwerk**", Ullstein Bücher Nr. 15
„**Das Imaginäre**", Rowohlt Verlag, ISBN 3-498-06094-5
„**Die Kindheit eines Chefs**", Bibliothek Suhrkamp 175
„**Kolonialismus und Neokolonialismus**", Rowohlt Pb. Nr. 68
„**Kritik der dialektischen Vernunft**", Rowohlt Verlag, ISBN 3-498-06058-9
„**Marxismus und Existentialismus**", Rowohlt rde 196
„**Der Mensch und die Dinge**", rororo 4260

„Les mouches", Lensing Verlag, ISBN 3-559-35412-9
„Le Mur", Cornelsen-Velhagen & Klasing, ISBN 3-464-00439-2
„Mythos und Realität des Theaters", rororo 4422
„Paris unter der Besatzung", rororo 0526
„Sartre über Sartre", rororo 4040
„Das Sein und das Nichts", Rowohlt Verlag,
ISBN 3-489-06060-0
„Das Spiel ist aus", rororo 0059
„Die Transzendens des Ego", Rowohlt Verlag, dnb 151
„Was ist Literatur", Rowohlt Verlag, rde 065
„Was kann Literatur", rororo 4381
„Die Wörter", rororo 1000
„Die Zeit der Reife", rororo 0454